Stefan Schlager
Die Weltreligionen

topos taschenbücher, Band 805
Eine Produktion des Verlags Friedrich Pustet

Stefan Schlager

Die Weltreligionen

Ein Crash-Kurs

topos taschenbücher

Verlagsgemeinschaft topos plus
Butzon & Bercker, Kevelaer
Don Bosco, München
Echter, Würzburg
Lahn-Verlag, Kevelaer
Matthias Grünewald Verlag, Ostfildern
Paulusverlag, Freiburg (Schweiz)
Verlag Friedrich Pustet, Regensburg
Tyrolia, Innsbruck

Eine Initiative der Verlagsgruppe engagement

Bibliografische Information der Deutschen Nationalbibliothek
Die Deutsche Nationalbibliothek verzeichnet diese Publikation in der Deutschen Nationalbibliografie; detaillierte bibliografische Daten sind im Internet über http://dnb.d-nb.de abrufbar.

Einband- und Reihengestaltung | Finken & Bumiller, Stuttgart
Herstellung | Friedrich Pustet, Regensburg
Printed in Germany

Topos-ISBN: 978-3-8367-0805-0
www.toposplus.de

Für meine Töchter Helene, Luise und Adele!

Inhaltsverzeichnis

Vorwort

Seit vielen Jahren bin ich in der interreligiösen Bildungsarbeit engagiert (sowohl im kirchlichen wie im außerkirchlichen Bereich). Dabei ist es für mich wichtig, nicht nur über andere Religionen zu sprechen, sondern immer auch mit den Gläubigen dieser Wege selbst ins Gespräch zu kommen. So bin ich beispielsweise regelmäßig mit VertreterInnen bzw. ReferentInnen aus den jeweiligen Religionen gemeinsam bei Vorträgen unterwegs. Auf diese Weise konnte ich im Laufe der Jahre authentische Einblicke in die „großen Wege“ meiner Kolleginnen und Kollegen bekommen (insbesondere Islam, Buddhismus und Judentum). Zugleich begann ich aber auch, die eigene Religion – das Christentum – neu und tiefer zu verstehen.

Bei den zahlreichen Veranstaltungen, vor allem zum Thema Islam, fiel mir auf, dass oft eine diffuse Angst oder das Gefühl einer Bedrohung durch „das Fremde“ bzw. „die Fremden“ im Raum steht. Wenn es gelingt, diese Ängste sachlich und mit Einfühlungsvermögen zu thematisieren, dann sind Menschen – so meine Erfahrung – leichter bereit, neue Einsichten zuzulassen und ihren Horizont zu weiten. Als sehr hilfreich erlebe ich dabei den ehrlichen Blick auf die eigene Tradition und Geschichte: So war das Verhältnis der katholischen Kirche zu anderen Religionen jahrhundertlang ebenfalls von Angst, Vorbehalten, Abwertung und einem negativen Vorzeichen bestimmt – mit fatalen Folgen. Umso beachtlicher sind die Kehrtwende beim Zweiten Vatikanischen Konzil (1962–1965) und der damit verbundene Lernprozess. Der Grund für diesen so positiven Paradigmenwechsel liegt darin, dass nicht mehr vom Trennenden und Unterscheidenden ausgegangen wird, sondern vom Gemeinsamen und Verbindenden. Dementsprechend ermutigen die Konzilsväter zu einem respektvollen und vertrauensvollen Umgang mit den anderen Religionen.

Im Artikel 2 der „Erklärung über das Verhältnis der Kirche zu den nichtchristlichen Religionen" („Nostra Aetate") heißt es: „Die katholische Kirche lehnt nichts von alledem ab, was in diesen Religionen wahr und heilig ist." Das Konzil ermutigt also die Katholikinnen und Katholiken, den Unkenrufen von „Überfremdung" und „Bedrohung" zu misstrauen und anstelle einer „Hermeneutik des Verdachts" den Blick auf das Gemeinsame zu riskieren. Somit gehören – entsprechend der Lehre der Kirche – Vertrauen, Respekt und Hochachtung vor anderen Religionen zum Katholisch-Sein dazu. Fremdenfeindlichkeit, Diskreditierung anderer Religionen, Angstmache oder Hochnäsigkeit – all das ist mit katholischer Identität nicht vereinbar.

Das vorliegende Buch versucht, sich auf dieser wertschätzenden Basis den anderen Religionen zu nähern. Im Blick sind dabei jene Religionen, mit denen wir es *in unserer näheren Umgebung* zu tun haben – Religionen, die zum Teil gesetzlich anerkannt (wie in Österreich) oder durch die Zahl ihrer Mitglieder gesellschaftlich nicht zu übersehen sind. Es sind dies Judentum, Buddhismus und Islam. Daoistisches bzw. davon „Angehauchtes" wiederum findet über den Gedanken der Harmonie (mit der großen Natur) bei uns eine breitere Beachtung, etwa im Wellnessbereich. Aber auch das Christentum gewinnt durch die Beschäftigung mit den anderen Religionen an neuem Profil. Außer Acht werden jene Religionen gelassen, die bei uns in der Öffentlichkeit weniger präsent sind (z. B. Hinduistische Religionen, Konfuzianismus, afrikanische Stammesreligionen etc.). Dadurch aber auf deren geringere Bedeutung zu schließen, ist nicht beabsichtigt.

Methodisch habe ich in der Auseinandersetzung mit den einzelnen Religionen folgenden Dreischritt gewählt: 1. Informationen über die jeweils zentrale Person (was im

Besonderen mit Blick auf das Judentum nicht leicht ist) – 2. Herausarbeiten der spezifischen „Ursprungsimpulse“ (beschränkt auf das wirklich Zentrale sowie auf die wichtigsten Heiligen Schriften) und – 3. das Herausarbeiten von Gemeinsamkeiten und Unterschieden aus der Sicht des Christentums.

In meiner interreligiösen Arbeit merke ich, dass die Rückbesinnung auf die Ursprungsimpulse auch für andere Religionen – trotz der Komplexität der jeweiligen religiösen Identitäten – wichtig ist. Dementsprechend geht es in meinem Buch darum, mit Blick auf diese Ursprungsimpulse ein Grundverständnis für die behandelten Religionen zu legen, um so beim Kennenlernen und Aufeinanderzugehen behilflich zu sein. Wichtig ist mir dabei, über die Basics hinaus kompakte theologische Hintergrundinformationen zu geben, um so die einzelnen „großen Wege“ von ihrem Inneren her noch besser verstehen zu können. Besonderes Interesse habe ich bei den interreligiösen Bildungsveranstaltungen für Vergleiche zwischen den Religionen und dem Christentum bzw. den „Religionsstiftern“ und Christus erlebt. Deshalb habe ich diese Vergleiche bewusst in das Buch aufgenommen. Sie sind jedoch nicht im Sinne einer Bewertung anderer Religionen zu verstehen. Vielmehr geht es um das interessierte „Zusammenschauen“ auf der inhaltlichen Ebene (etwa Erlösungsverständnis, Menschenbild, Gottesbild, Naturverständnis etc.), um auf diese Weise die jeweiligen theologischen Profile (trotz ihrer Komplexitität) deutlicher zu machen. „Die Wahrnehmung von Differenzen kann dabei helfen, der größeren Gefahr, der Gleichmachung des Ungleichen, zu begegnen. Zudem lassen sich mit Lehren, die als anders wahrgenommen werden, auch die vertrauten und oft verdeckten Grundlagen der eigenen Tradition besser erkennen.“ *(Jens Schlier)*

Die einzelnen Religionen in diesem Buch werden entsprechend ihrem Alter behandelt: Zuerst kommt das Judentum, dann der Buddhismus, gefolgt von Daoismus, Christentum und Islam. Eingeleitet wird das Buch mit einem Basiswissen Weltreligionen und abgeschlossen wird es mit einer „Hoffnung auf eine ‚Symphonie der Religionen'". Die Inhalte dieses Buches sind in der Erwachsenenbildung bereits erprobt (etwa in Form eines „Kleinen Grundkurses Weltreligionen" oder in zahlreichen interreligiösen Bildungsveranstaltungen wie z. B. „Was Christen über den Islam wissen sollten" bzw. „Was Muslime über das Christentum wissen sollten" sowie „Christentum und Buddhismus im Gespräch").

Viel Freude und persönlichen Gewinn beim Lesen!

Stefan Schlager

1. Basiswissen Weltreligionen

Wir leben in einer bunten und vielfältigen Zeit – das gilt auch für die Religionen. Während es früher in unseren Breiten eine „religiöse Monokultur" gegeben hat, ist die religiöse Landschaft heute abwechslungsreicher geworden. Das zeigt sich bereits in den Kindergärten und Schulen. So verbringen etwa Kinder und Jugendliche mit mehr oder weniger ausgeprägten christlichen Wurzeln immer häufiger ihren Kindergarten- oder Schultag mit Mädchen und Buben bzw. Jugendlichen aus Ländern mit nicht-christlicher Prägung. Auch in der Arbeitswelt, in der Freizeit oder im Krankenhaus treffen immer öfter Menschen mit verschiedenen Religionen aufeinander.

Ein wichtiger Schritt, damit in diesen Fällen das Miteinander gut gelingen kann, ist das Wissen von- und übereinander. Wer sich – zumindest überblicksmäßig – bei den Religionen auskennt, der lernt das „Andere" zu schätzen, und der vermag dann auch dem anderen mit Respekt entgegenzutreten und etwaige Vorurteile kritisch zu hinterfragen. Sehr hilfreich für ein solches „Basiswissen" ist die Kenntnis wichtiger Kernsätze bzw. Grundbekenntnisse, ein Überblick über die Feste sowie das Bewusstsein für verbindende „Kernwerte".[1] Mit Hilfe eines Koordinatenkreuzes der Weltreligionen können zudem die inhaltlichen Profile und Zielrichtungen einzelner Religionen gut dargestellt werden.

1.1 Kernsätze und Grundbekenntnisse

Judentum

Ein Zugang zu den Grundanliegen der Religionen ist über „Kernsätze" (wie Gebete, Bekenntnisse ...) möglich. Im Judentum lautet einer dieser Kernsätze:

> Höre Israel, der Herr, unser Gott, der Herr ist einzig. Darum sollst du den Herrn, deinen Gott, lieben mit ganzem Herzen, mit ganzer Seele und mit ganzer Kraft. *(Dtn 6,4–5)*

Im Zentrum der jüdischen Religion steht dementsprechend der Glaube an den einen und einzigen Gott sowie das Leben mit diesem Gott, der als der „Ich-bin-da" (= Jahwe) Interesse am Wohl der Menschen hat. Im Besonderen soll mit Hilfe der Tora – den fünf Büchern Mose – ein gottgemäßes und dadurch zugleich menschengemäßes Leben ermöglicht werden. Die Tora gilt als Gesetz Gottes und wird im Judentum besonders verehrt.

Buddhismus

Im Buddhismus und seinen zahlreichen Spielformen drückt die dreifache Zufluchtsformel die Zugehörigkeit zum Buddhismus aus:

> „Zu Buddha nehme ich meine Zuflucht,
> zur Lehre nehme ich meine Zuflucht,
> zur Mönchsgemeinde nehme ich meine Zuflucht."

Diese Formel zeigt, dass im Zentrum des buddhistischen Lebens – trotz seiner verschiedenen Ausformungen – die Lehre Buddhas steht. Diese Lehre ist vor allem in den vier heiligen Wahrheiten überliefert. Diese vier heiligen Wahrheiten reichen vom Erkennen, dass alles „leidvoll" (weil vergänglich) ist, bis hin zum Wissen, wie ein Ausstieg aus dem „Leid" schaffenden Rad der Wiedergeburten gelingen kann. Wie in anderen Religionen sind für Buddha auch die konkrete Gemeinschaft und die Förderung dieser Gemeinschaft von Bedeutung.

Daoismus

Wichtig für die Daoisten ist die berühmte Haltung des „Nicht-Eingreifens" in die Natur bzw. des naturgemäßen Lebens. Es gilt überall, dem Dao zu folgen, dem Urgrund allen Seins, dem Un-Bedingten und Absoluten. So kann das Dao in der Welt wirken (De). Dementsprechend heißt es im 23. Kapitel des Dao-de-Jing:

> „Doch wer dem Dao folgt, wird eins mit dem Dao.
> Wer dem De folgt, wird eins mit dem De.
> Wer sie verloren hat, wird eins mit seiner Verlorenheit."

Christentum

Bezeichnend für das Christentum ist, dass in seinem Zentrum nicht eine Lehre, ein Buch, bestimmte Dogmen oder göttliche Gesetze stehen, sondern eine Person. Christinnen und Christen sind überzeugt, dass über den konkreten Menschen Jesus von Nazaret ein neuer Zugang zu Gott ermöglicht wurde, ja dass von Gott niemals mehr anders als mit Blick auf diesen Menschen gesprochen werden kann (daher die Titel „Gottessohn" oder „Herr" für Jesus). Eine christliche Kurzformel des Glaubens, die diese Bedeutung des Mannes aus Nazaret gut ausdrückt, findet sich u. a. im 1. Johannesbrief:

„Wir haben gesehen und bezeugen, dass der Vater den Sohn gesandt hat als den Retter der Welt.“ *(1 Joh 4,14)*

Ein Christ bzw. eine Christin ist demnach ein Mensch, der seine „Menschlichkeit, Gesellschaftlichkeit und Religiosität nach dem Maßstab und Geist dieses Christus zu leben versucht“[2]. Dieses Leben in den Spuren Jesu – des auferweckten Retters – fußt auf der Taufe.

Islam

Für Muslime wiederum ist der Gehorsam gegenüber dem Willen Gottes, wie er im Koran zum Ausdruck kommt, maßgeblich. Der Koran gilt als Abschrift des himmlischen Ur-Koran. Richtlinie für ein korangemäßes Leben sind die fünf Säulen: Die Bezeugung des Glaubens, das fünfmalige Gebet, die Sozialabgabe, das Fasten im Monat Ramadan und die Pilgerfahrt nach Mekka. Als ein besonderer Kernsatz des Islam gilt:

„Es gibt keinen Gott außer Allah,
und Muhammad ist sein Prophet.“
(Schahada/Glaubensbekenntnis)

1.2 Feste

In allen großen Religionen gibt es Feste. Im Folgenden sollen die „Hauptfeste“ kurz vorgestellt werden:

Judentum

Als eines der wichtigsten Feste im Judentum gilt das *Pessach-Fest*, die Feier der Befreiung des Volkes Israel aus der ägyptischen Fronarbeit. Pessach beginnt laut jüdischem

Kalender am 15. Nissan (Vollmond im März/April) und dauert in Israel sieben, in der Diaspora acht Tage. Als volle Feiertage gelten jedoch nur der erste Tag (der Tag des Auszugs aus Ägypten) und der letzte Tag (der Tag der Spaltung des Schilfmeeres). Pessach wird als Familienfest mit verschiedenen Riten, darunter der Seder-Abend, gefeiert. Hier wird sehr lebendig an den Auszug aus Ägypten gedacht. Cirka sieben Wochen bzw. 50 Tage nach dem Pessachfest wird *Schawuot* begangen, das Wochenfest. Im Zentrum der Toralesung stehen hier die Zehn Gebote. Schawuot ist zugleich auch ein Erntedankfest. Der höchste jüdische Feiertag ist *Jom Kippur,* der Versöhnungstag. Jom Kippur wird im September oder Oktober am 10. Tischri (dem siebten Monat des jüdischen Kalenders) als Fasttag begangen. Zusammen mit dem zweitägigen Neujahrsfest *Rosch Haschana,* das zehn Tage früher stattfindet, bildet Jom Kippur den Abschluss der Bußzeit. Fünf Tage nach Jom Kippur ist *Sukkot,* das siebentägige Laubhüttenfest. Am 25. Tag des Monats Kislew (November/Dezember) beginnt *Chanukka,* das achttägige Lichterfest, das an die Wiedereinweihung des zweiten Tempels im Jahr 164 v. Chr. erinnert.

Buddhismus

Ein wichtiges Fest bei Buddhisten ist *Vesakh.* Vesakh fällt immer auf den Vollmondtag im Mai. Bei diesem Fest wird gleichzeitig der Geburt, der Erleuchtung und des Eingehens Buddhas ins Nirvana gedacht. Insbesondere wird hier den Gläubigen die gesamte Lebensgeschichte Buddhas vor Augen geführt. Sie sollen so wie er nach Erleuchtung und Erkenntnis streben und ein entsprechendes Leben führen. Ebenfalls bedeutend ist der *Dhammacakka-Tag*: Am Vollmondtag im Juli wird das erste Drehen des Dharma-Rades gefeiert. Der Buddha hielt zwei Monate nach seiner Erleuchtung im Gazellenhain von Sarnath bei Benares den fünf Asketen seine erste Lehrrede, das Dhammacakka-Sutta, das den mittleren Weg und die Vier Edlen Wahrheiten lehrt. Dies ist der Beginn des Regenzeit-Retreats *(Vassa)* der Mönche und Nonnen. In den einzelnen buddhistischen Richtungen gibt es jeweils weitere besondere Feste.

Daoismus

Die daoistischen Feste spiegeln die Bedeutung der Familie und den Respekt vor den Ahnen wider, ebenso das Streben nach Langlebigkeit sowie den Versuch, übel wollende Kräfte entweder umzustimmen oder fernzuhalten. Das wichtigste Fest ist das *Neujahrsfest*. Die Neujahrsfeierlichkeiten dauern mehrere Tage und enden mit den Laternenumzügen am 15. Tag des ersten Monats. Ein besonderer Ritus des heutigen Daoismus ist *Jiao* (das Fasten), das in der Regel alle drei Jahre gefeiert wird und drei bis sieben Tage dauert.

Christentum

Das bedeutendste Fest im Christentum ist *Ostern*, die Feier der Auferweckung Jesu von den Toten. Es wird am ersten Sonntag nach dem Frühlingsvollmond gefeiert. Idealerweise soll die „Auferstehung“ mitten in der Nacht bzw. vor Anbruch des Ostersonntags gefeiert werden. Wichtig sind darüber hinaus die Kartage, die an die letzten dramatischen Tage Jesu in Jerusalem erinnern: *Palmsonntag* (Einzug Jesu in Jerusalem), *Gründonnerstag* (Feier des letzten Abendmahls), *Karfreitag* (Kreuzigung Jesu) und *Karsamstag* (Tag der Grabesruhe Jesu). Weitere christliche Hochfeste sind *Pfingsten* (50 Tage nach Ostern: Herabkunft des Heiligen Geistes) und *Weihnachten* (in der westlichen Kirche am 25. Dezember: Feier der Geburt Jesu).

Islam

Der Höhepunkt des islamischen Fastenmonats *Ramadan* ist die *Nacht der Bestimmung (Lailaat-ul Qadr)*, in welcher Muhammad die erste Sure des Korans herabgesandt wurde. Die einmonatige Fastenzeit Ramadan endet mit dem dreitägigen *Fest des Fastenbrechens (idu-l-fitr)* mit köstlichen Speisen. Die folgenden beiden Tage werden vorwiegend zum Besuch von Verwandten und Freunden genutzt. Da man den Kindern in diesen Tagen Süßigkeiten schenkt, nennt man das Fest Zuckerfest. Zwei Monate und zehn Tage später feiern Muslime dann das *Opferfest*. Es erinnert an die Bereitschaft Abrahams, seinen Sohn Ismael (nicht Isaak!) auf den Befehl Gottes hin zu opfern und an die Errettung Ismaels. Der Höhepunkt des viertägigen Festes ist die Opferung eines Tieres.

1.3 Gemeinsame „Kernwerte"

So sehr die einzelnen Religionen ein eigenständiges und unverwechselbares theologisches Profil haben, so sehr fällt auf, dass es auf der Ebene der Ethik gemeinsame „Kernwerte" gibt. Diese gemeinsamen Werte sind – angesichts von inszenierten und konstruierten Feindbildern – eine Basis für gegenseitiges Vertrauen und ein konstruktives Zusammenleben. Dementsprechend hat es – zum ersten Mal in der Geschichte der Religionen – der Council des Parlaments der Weltreligionen[3] 1993 gewagt, eine Erklärung zu einem Weltethos ausarbeiten zu lassen und vorzulegen. Darin wird der Blick auf jene gemeinsamen und für eine neue Weltordnung unbedingt notwendigen ethischen Normen gelenkt. „Diese sollen für den Menschen nicht Fesseln und Ketten sein, sondern Hilfen und Stützen, um Lebensrichtung und Lebenswerte, Lebenshaltungen und

Lebenssinn immer wieder neu zu finden und zu verwirklichen."[4] Als gemeinsamer roter Faden bzw. als gemeinsames ethisches Prinzip für alle Lebensbereiche gilt dabei die „Goldene Regel". Sie ist seit Jahrtausenden in vielen religiösen und ethischen Traditionen der Menschheit zu finden und lautet: Was du nicht willst, das man dir tu', das füg auch keinem anderen zu. Oder positiv: Was du willst, das man dir tut, das tue auch den anderen! Aus der Goldenen Regel ergeben sich im Besonderen vier umfassende uralte Richtlinien, die sich in den meisten Religionen dieser Welt finden und die zu einer ganz bestimmten Praxis verpflichten[5]:

1. Verpflichtung auf eine Kultur der Gewaltlosigkeit und der Ehrfurcht vor allem Leben – entsprechend der Weisung aus den großen alten religiösen und ethischen Traditionen der Menschheit: Du sollst nicht töten! Oder positiv: Hab Ehrfurcht vor dem Leben!
2. Verpflichtung auf eine Kultur der Solidarität und eine gerechte Wirtschaftsordnung – entsprechend der Weisung aus den großen alten religiösen und ethischen Traditionen der Menschheit: Du sollst nicht stehlen! Oder positiv: Handle gerecht und fair!
3. Verpflichtung auf eine Kultur der Toleranz und ein Leben in Wahrhaftigkeit – entsprechend der Weisung aus den großen alten religiösen und ethischen Traditionen der Menschheit: Du sollst nicht lügen! Oder positiv: Rede und handle wahrhaftig!
4. Verpflichtung auf eine Kultur der Gleichberechtigung und der Partnerschaft von Mann und Frau – entsprechend der Weisung aus den großen alten religiösen und ethischen Traditionen der Menschheit: Du sollst nicht Unzucht treiben! Oder positiv: Achtet und liebt einander!

1.4 Koordinatenkreuz der Weltreligionen

Das „Koordinatenkreuz der Weltreligionen“[6] wurde von dem Theologen Hans Küng entwickelt. Wie ein Kompass vermag es erste Orientierung in der weiten religiösen Landschaft zu vermitteln.

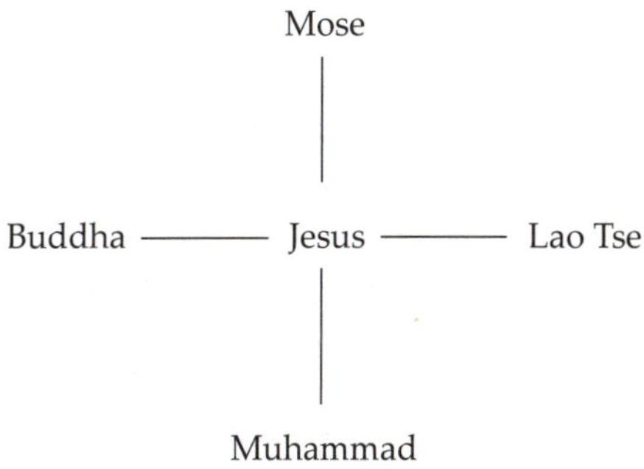

Bei diesem speziellen Koordinatenkreuz steht an der linken Markierung der Name Buddha (wahrscheinlich 563–483 v. Chr.).

Buddha

Er gilt in der Welt der Religionen als der Erleuchtete und Meister der Meditation. Er steht für geistige Versenkung, Verinnerlichung und „mönchische Weltentsagung in der Gemeinschaft eines Ordens“[7]. Buddha ist für die Seinen „Leitfigur für ein Leben nach dem achtfachen Pfad“[8], der mit Hilfe von rechter Einsicht, rechter Meditation und rechtem Handeln zur Aufhebung des Leidens und zum Nirvana führen will.

Lao-Tse

Bei der rechten Markierung befindet sich (anders als bei Küng) der Name Lao-Tse (vielleicht um 300 v. Chr.). Der „Alte Meister“ gilt als Begründer des Daoismus. Er ist der Prototyp des fernöstlichen Weisen, der für ein harmonisches Leben mit der Natur steht. Sein Ideal ist das weise Sich-Ein-fügen in die vorgegebene, vermeintlich göttlich-kosmische Ordnung bzw. Natur. Lao-Tse ist dementsprechend Leitfigur für ein Leben in Harmonie mit der „großen Natur“.

Mose

Die obere Markierung des Koordinatenkreuzes lautet auf den Namen Mose (um 1200 v. Chr.). Mose ist der „Prototyp des Propheten“[9]. Er steht für die „unbedingte Geltung der geschriebenen Weisung Gottes“[10]. Dementsprechend ist Mose Leitfigur für ein Leben nach der Weisung bzw. dem Gesetz Gottes in dieser Welt – und gerade so Aufruf zu einer sittlichen Weltgestaltung.

Muhammad

Bei der Markierung unten schließlich findet sich der Name Muhammad (570/71–632 n. Chr.), der sich als Prophet ganz auf der Linie von Mose und Jesus sieht. Er versteht sich als das bestätigende „Siegel“ aller vorherigen Propheten. Muhammad steht für eine „Religion, die auch den Raum der Gesellschaft ganz durchdringen will“[11] und auf die Einrichtung theokratischer Staaten (Gottesstaaten) ausgerichtet ist. Muhammad ist für die Muslime „Leitfigur für ein Leben nach dem Koran, Gottes ursprüngliche und endgültige Offenbarung auf dem Weg zu Weltgericht und Paradies“[12].

Christus

In der Mitte des Koordinatenkreuzes steht – aus christlicher Sicht – Jesus von Nazaret, der Christus (6/4 v. Chr. – ~ 30 n. Chr.). Es ist nicht zu übersehen, dass es viele erfreuliche Gemeinsamkeiten zwischen Christus und den anderen „Leitfiguren" gibt. Auf der Ebene der Lebensweisheit finden sich etwa viele Übereinstimmungen zwischen Jesus, Buddha und Lao-Tse (z. B. Umgang mit Besitz, Mut zur Selbstkritik oder die Überwindung von Gewalt). Mit Mose und Muhammad teilt Jesus das Bemühen, nach dem Willen Gottes zu leben und sich ganz auf der Linie der Propheten für die Sache Gottes und die Sache der Menschen einzusetzen. In den folgenden Kapiteln werden diese Gemeinsamkeiten selbstverständlich noch genauer ausgeführt. Trotz dieser Übereinstimmungen fällt aber auf: „Wer als Weg seines Lebens die Nachfolge Jesu Christi wählt ..., der wählt eine Gestalt, die von allen diesen verschieden ist"[13].

Anders als Buddha geht es Jesus nämlich nicht primär um das Durchschauen der Welt in ihrer Nichtigkeit und – damit verbunden – um das Aufgeben des „Lebenswillens" und der „Anhaftung an das Leben". Er ermutigt vielmehr – und lebt es selber vor –, sich ganz und gar vom heilvollen Willen Gottes herausfordern, formen und wandeln zu lassen. Das zeigt sich in einer persönlich Anteil nehmenden und konkret gelebten Nächstenliebe.

Lao-Tse wiederum sieht im Nicht-Handeln bzw. Nicht-Eingreifen in die Natur das Ideal. Jesus hat demgegenüber aber gerade das heil-volle „Eingreifen" bzw. Gestalten dieser Welt im Blick. Maßstab dafür ist Gott, nicht die Natur.

Anders als die großen Propheten Israels beruft sich Jesus auch nicht auf eine Sendung durch Gott. Stattdessen tritt er mit einer Vollmacht auf und handelt aus einer bis dahin unbekannten „Gottunmittelbarkeit" heraus. So lautet seine

Botschaft: Mit mir ist das Reich Gottes im Ankommen. In meinem Tun und Reden wird die Liebe Gottes greifbar.

Muhammad wiederum versteht sich als Sprachrohr des göttlich diktierten Wortes, nach dem er zu leben trachtet. Bei Jesus hingegen geht es nicht ums Zitieren und Aufschreibenlassen von ewig vorformulierten Weisheiten. Die Botschaft Jesu vom heilvollen Kommen und Wirken Gottes ist vielmehr mit seinem Leben, seinem Schicksal und seiner Person untrennbar verbunden. In seinen Spuren leuchten Gott und seine Herrschaft auf.

Was den Glauben der Christinnen und Christen darüber hinaus von allen anderen unterscheidet, ist, dass in seinem Zentrum ein Mann steht, der für seine gute Botschaft am eigenen Leib Leid, Schmerzen, Ohnmacht und einen brutalen Tod erfahren hat. Dieser Gekreuzigte ist jedoch – so das Bekenntnis der Jüngerinnen und Jünger Jesu – nicht im Tod geblieben, sondern von den Toten auferweckt worden. Ohne die Begegnungen der Osterzeuginnen und -zeugen mit dem Auferweckten würde es kein Christentum geben.

Nach diesem ersten generellen Ein- bzw. Überblick lade ich nun zu einer Entdeckungsreise in einzelne ausgewählte Religionen ein. Im Blickpunkt sollen dabei Informationen über die jeweiligen zentralen Personen, die wichtigsten Inhalte und Heiligen Bücher sowie Vergleiche zwischen diesen Religionen und dem Christentum stehen – Vergleiche, die in Achtung und Respekt vor dem anderen Weg das jeweilige Profil besser herausarbeiten wollen.

2. Judentum

Niemals wieder ist in Israel ein Prophet
wie Mose aufgetreten.
Ihn hat der Herr Auge in Auge berufen.
Keiner ist ihm vergleichbar,
wegen all der Zeichen und Wunder,
die er in Ägypten im Auftrag des Herrn
am Pharao, an seinem ganzen Hof
und an seinem ganzen Land getan hat,
wegen all der Beweise seiner starken Hand
und wegen all der Furcht erregenden und großen Taten,
die Mose vor den Augen von ganz Israel
vollbracht hat.

(Dtn 34,10–12 (Schlusstext des Pentateuch)

2.1 Die Person Mose

Im Judentum gibt es mehrere „Leitfiguren“, wie etwa Abraham, Noah oder David[14]. Ohne die lange prophetische Tradition wäre das Judentum ebenfalls undenkbar und nicht angemessen darzustellen. Trotz dieser bedeutenden „Einflussgrößen“ möchte ich mich im Folgenden nur auf eine „Person“ konzentrieren, die im Alten Testament eine herausragende Bedeutung einnimmt und im Judentum bis heute eine unübersehbare Rolle spielt: Mose. Mit diesem Namen sind konstitutive Elemente der jüdischen Religion verbunden, wie die Zehn Gebote oder der Glaube an einen universalen Befreiergott.

Nur schemenhaft erkennbar

Wir scheinen ihn ganz gut zu kennen, diesen Mann, der Israel im Auftrag Gottes aus der Knechtschaft Ägyptens herausgeführt hat, der mit ihm durch die Wüste gewandert ist und die göttlichen Gebote übermittelt hat. Der Religionsunterricht, Darstellungen aus der bildenden Kunst und nicht zuletzt Filme haben klar umrissene Bilder und Vorstellungen in unseren Köpfen entstehen lassen. Was auf den ersten Blick so deutlich erscheint, ist bei genauerem Hinsehen jedoch viel komplizierter und komplexer.[15] Ein umfassendes historisches Bild bzw. eine Biografie von Mose ist aus den biblischen Texten – vor allem aus dem Pentateuch (den fünf Büchern Mose) – nicht möglich. Dazu fehlen auch außerbiblische Indizien für die entsprechende Zeit. Die geschichtliche Gestalt des Mose ist bestenfalls schemenhaft erkennbar, was schon deshalb nicht verwundert, weil zwischen der Zeit, in der Mose gelebt hat (Ägypten, 13./12. Jahrhundert vor Christus) und der Zeit, in der die mündlichen Mose-Überlieferungen verschriftlicht wurden (ab dem 7. Jahrhundert vor Christus) eine Distanz von über einem halben Jahrtausend liegt. So gesehen ist das Leben des Mose, wie es im Pentateuch beschrieben wird, kein historischer Bericht, sondern ein Text, in dem verschiedene Traditionen, Sichtweisen und Mose-Bilder aus unterschiedlichen Epochen kombiniert wurden. Der biblische Mose vereinigt demnach in sich – so der deutsche Ägyptologe, Religions- und Kulturwissenschaftler Jan Assmann – verschiedene „Gedächtnisspuren“.

Biografische Anhaltspunkte

Im Pentateuch finden sich folgende konkrete „Andockstellen“ für eine Annäherung an den geschichtlichen Mose. Zum einen gibt es die Überlieferung, dass Mose außerhalb des von Israel besiedelten Gebietes gestorben ist und hier auch sein Grab gefunden hat (Dtn 34,6). Dieser Umstand darf – so der evangelische Bibelwissenschafter Martin Noth – als „Urgestein eines nicht mehr ableitbaren geschichtlichen Sachverhaltes" verstanden werden. Eine weitere historische Spur ist der ägyptische Name des Mose. Da der Retter des Volkes Israel nachträglich kaum einen ägyptischen Namen, sondern eher einen Bekennernamen (wie z. B. „Elija" = mein Gott ist Jahwe) erhalten hätte, verdient die Überlieferung Vertrauen, dass Mose auch in Ägypten lebte und wirkte. Als drittes historisches Element kann die mehrfach bezeugte Verheiratung mit ausländischen Frauen gelten, insbesondere mit Zippora, der Tochter eines midianitischen Priesters.[16] Trotz dieser wenigen historischen Knotenpunkte und des mageren historisch haltbaren Profils gilt es zu bedenken, dass nur Geschichte Überlieferung schafft, nicht aber umgekehrt. Dementsprechend darf man annehmen, dass jene „im Pentateuch durchgehaltene dominante Überlieferung, die Mose von Ägypten ausgehen lässt, zum Führer in der Wüste macht, am Gottesberg zum Mittler erhebt und ihn schließlich vor den Toren Palästinas auf dem Gipfel des ostjordanischen Nebo sterben lässt, ... mit den Schicksalen einer von Ägypten gekommenen Gruppe durchaus vereinbar" ist (Siegfried Hermann).

In späterer Zeit: eine Figur der Einheit für Israel

Vermutlich haben die Erzählungen von Mose mindestens drei Jahrhunderte lang – etwa vom 13. Jahrhundert an, in dem er wirkte, bis ins 10. Jahrhundert v. Chr. – eine mündliche Überlieferung durchlaufen. Mündliche Tradition zeigt die Tendenz, Geschehenes oder Berichtetes auszugestalten, unterschiedliche Stoffe und Motive zusammenzufügen, so ursprünglich Fernerstehendes zu verbinden und Vergangenes mit der jeweiligen Gegenwart zu vermitteln. Aber auch noch lange nach der Schriftwerdung wurden vielfältige, in Jahrhunderten gewonnene Glaubens- und Lebenseinsichten mit Mose verbunden und fanden in seinem Namen einen einheitlichen Bezugspunkt. „Zu dem Mose, der vor vielen Zeiten gewesen ist, tritt rechtmäßig der, der in vielen Zeiten geworden ist" (Werner H. Schmidt).

Der Innsbrucker Bibelwissenschafter Georg Fischer umschreibt diesen dynamischen Prozess, in dem Mose allmählich zur Figur der Einheit für Israel wird, so: „Als eine Gestalt, die völlig außerhalb des Landes lebt, bindet er unterschiedliche Traditionen durch seinen Namen zusammen – scheinbar ohne Vorbelastung durch Gruppenzugehörigkeiten, parteiische Interessen, örtliche Machtpolitik, usw. Hierzu gehört auch die Distanz gegenüber dem Königtum. Dem ‚einen Gott' und dem ‚einen Volk' entspricht folgerichtig der eine Mose, der in seiner Gestalt alle Unterschiede in der Gemeinschaft zusammenführt und rivalisierende Ansprüche um Vorrang durch den Verweis auf Gott und Gesetz eingrenzen kann."

Im Besonderen ist die Mose-Geschichte als „Kampfgeschichte" gestaltet worden[17]. Die allmählich gewachsene Mose-Geschichte repräsentiert „die Geschichte des Kampfes eines Menschen mit sich, seinem Volk, seinem Gott und einem politischen Despoten" (K.-J. Kuschel). Nicht zu übersehen ist, wie Mose dabei im Laufe der Zeit zu einer immer monumentaleren Gestalt anwächst.[18]

Mose-Bilder in den Büchern der Tora

So lenkt das Buch Exodus zu Beginn die ganze Aufmerksamkeit auf den „gottgewollten Anfang und Auftrag dieses besonderen Menschen", der in der Offenbarung Gottes im brennenden Dornbusch und in der Berufung Moses zum Befreier seines Volkes gipfelt. Nach diesem ersten Schwerpunkt „Berufung" folgt der inhaltliche Schwerpunkt „Pharao". Hier trifft man auf die religionsgeschichtlich einzigartige Szene „Prophet gegen König" – eine „Urszene für den Zusammenprall von Religion und Politik". Dann folgt der dramatische Komplex „Exodus" mit dem Auszug aus Ägypten und den Konflikten auf der Wüstenwanderung. Der letzte Schwerpunkt im Buch Exodus ist der „Sinai". Dabei werden die Ereignisse rund um den Gottesberg kompositorisch mit jenen Rechtssatzungen verbunden, „die ein für alle mal in Israel gelten sollen" (K.-J. Kuschel).

Neben dem Exodus-Buch finden sich im Buch Leviticus, Numeri und Deuteronomium weitere Mose-Überlierfungen bzw. „Bilder". Hier werden die Aufgaben des Mose sukzessive ausgeweitet: bevorzugter Gesprächspartner Gottes, Führer des Volkes Israel sowie Feldherr in den Kämpfen, Richter bei Streitigkeiten oder Übermittler des Gottesgesetzes[19]. Nie tritt Mose bei all dem in Konkurrenz zu Gott. Er wird weder als Gottessohn noch als König gesehen. „Stets bleibt Mose Gottes Knecht und Israels Lehrer. Ein Bote, ein Mittler" (K.-J. Kuschel). Alles wird dementsprechend auf das Gesetz Gottes, die Tora, hin ausgerichtet. Dieses soll in Israel herrschen – und nicht ein Mensch.

Die hier angedeutete Jahrhunderte lange Arbeit am Mose-Bild im Alten Testament fast Karl-Josef Kuschel pointiert so zusammen: „Welch eine Figur! In der Person des Mose ist alles verdichtet, was das Verhältnis Israel – Gott bestimmen soll und bestimmen wird." Und Elie Wiesel schreibt: „Wäre er [Moses] nicht gewesen, Israel wäre ein kleines Sklavenvolk geblieben, das in der Finsternis seiner Ängste sich nicht ans Licht wagte."

Mose – ein Gegenmodell zur assyrischen Königsideologie?

Eine besondere Bedeutung für die Herausbildung und Gestaltung des biblischen Mose-Bildes dürften die Erfahrungen Israels mit der assyrischen Besatzung im achten vorchristlichen Jahrhundert gehabt haben. So fällt auf, dass in den ältesten biblischen Schilderungen der Ereignisse in Ägypten und beim Auszug (Exodus) noch nicht von Mose die Rede ist. In diesen Texten ist es vielmehr Jahwe selbst, der die Hebräer geführt hat. In Dtn 6,21 heißt es dementsprechend: „Wir waren Sklaven des Pharao in Ägypten, aber der Herr hat uns mit starker Hand aus Ägypten geführt". Erst das Buch Hosea lässt bei der Erinnerung an die Befreiung einen Vermittler auftreten. In Hosea 12,14 ist zu lesen: „Aber durch einen Propheten führte der Herr Israel aus Ägypten heraus, und durch einen Propheten wurde es behütet." Diese Stelle aber stammt frühestens aus dem 8. Jahrhundert v. Chr. Folglich kann man annehmen, dass die Geschichte des Mose zum ersten Mal im Lauf des 8. oder 7. Jahrhunderts schriftlich aufgezeichnet wurde. In dieser Zeit hatten die Assyrer die Vorherrschaft im Vorderen Orient. Und tatsächlich finden sich bei der Schilderung des Anfangs und des Endes von Moses Leben unübersehbare assyrische Einflüsse. Beispielsweise begegnet das Motiv des in einem Schilfkorb ausgesetzten Kindes in der Sargon-Legende – einem assyrischen Text des 8./7. Jahrhunderts v. Chr. In dieser Legende heißt es unter anderem:

> „Sargon, der starke König, König von Akkad bin ich. … Meine Mutter … wurde mit mir schwanger und gebar mich im Verborgenen. Sie legte mich in ein Schilfkästchen. Mit Bitumen dichtete sie meine Behausung ab und setze mich am Ufer des Flusses aus, der mich überspülte. Der Fluss trug mich fort."

Kann es sein, dass die mosaische Geburtserzählung hier an die Sargon-Legende anknüpft? Während die Sargon-Legende die assyrischen Herrscher (im besonderen Sargon II, 722–705 v. Chr.) im ganzen Reich legitimieren soll, würde in diesem Fall Mose durch die Anknüpfung und bewusste Abänderung dieser Legende durch die jüdischen Schreiber zu einem „Gegen-Typus" des neuassyrischen Königs aufgebaut. Mit Mose wäre demnach nicht ein König geboren, der unterdrückt, sondern ein Mann, der sein Volk aus der Unterdrückung befreit. Anders als Sargon, bei dem alles Recht Königsrecht ist, soll in Israel zudem das Gottesgesetz allein herrschen – und nicht ein Tyrann. Hier wird besonders gut ersichtlich, welches Hoffnungs- und Widerstandspotential die Israelitinnen und Israeliten in der Person des Mose hatten.

2.2 Eine besondere Gotteserfahrung: der brennende Dornbusch

Der Glaube an den universalen Befreiergott und die Besinnung auf ein „Grundgesetz des Menschenanstandes" sind ohne Israel und den Namen Mose undenkbar. Aus diesem Grund sollen der Monotheismus und die Ethik des Alten Testaments nun genauer bedacht werden.

Ein ungewöhnlicher Gottesname

Zu den Höhepunkten der Mose-Erzählung gehört die Schilderung vom brennenden Dornbusch in Exodus 3,1–16 mit der Preisgabe des Gottesnamens an Mose. Dieser Name ist deswegen so wichtig, weil er zeigt, wie sich Gott selbst versteht und was von diesem Gott zu erwarten ist. So antwortet im hebräischen Urtext Gott auf die Frage des Mose, mit welchem Namen er ihn dem Volk Israel vorstellen soll, mit *„ehjeh ascher ehjeh"* (Exodus 3,14). Diese Antwort ist ein Wortspiel mit dem hebräischen Verb *„hajah"* (sein). *„Hajah"* aber bedeutet soviel wie „sein" im Sinne von da sein, mit sein, sich erweisen, sich als lebendig in Erfahrung bringen. Zugleich ist *ehjeh* das Imperfekt des Verbes „sein“ (Imperfekt = nicht abgeschlossenes Geschehen). Das aber heißt – nach Erich Fromm –, dass Gottes Sein ein lebendiger Prozess, ein Werden ist, nicht schon etwas Abgeschlossenes. Dementsprechend kann man Exodus 3,14 übersetzen mit: „Ich werde (für euch) da sein, als der ich da sein werde“, oder „Ich werde mich (wirksam, mächtig) erweisen, als der ich mich erweise.“ Der alttestamentliche Gottesname „Jahweh“ selbst leitet sich ebenfalls aus der Verbwurzel *„hajah“* ab. Der deutsche Bibeltheologe Erich Zenger sieht in der Selbstvorstellung Gottes in der Dornbuschszene daher vier Aspekte bzw. göttliche Botschaften:

1. Zuverlässigkeit: Ihr könnt euch darauf verlassen, dass ich da bin, wenn Not ist.
2. Unverfügbarkeit: Ich bin so da, wie ich es will, und nicht, wie ihr es gerne hättet.
3. Ausschließlichkeit: Ich bin ich und kein anderer; damit müsst ihr fest rechnen.
4. Unbegrenztheit: Ihr könnt mir keine Schranken setzen, auch nicht die des Todes.

Interessant ist, dass der Gottesname JAHWE schon vor Mose bekannt war. So kennen ägyptische Quellen aus der Zeit des Amenophis III. (1408–1372 v. Chr.) die „Schasu-Beduinen von Jahwe (yhw)“, wobei mit *„yhw“* wohl eine Landschaft im Süden Palästinas gemeint war.

In seiner Vorlesung „Das christliche Gottesbekenntnis – der eine und dreieine Gott“ (Wintersemester 1996/97) vermutet Josef Weismayer, dass der Name aus dieser Region später auf die hier verehrte Gottheit überging. Dementsprechend lässt einer der ältesten Texte des Alten Testaments, das Deboralied in Richter 5, die Herkunft des Jahwe-Namens aus der Wüsten- und Bergregion Sinai durchscheinen. Jahwe wird „der vom Sinai“ (Richter 5,5; Psalm 68,9) genannt. Nach Weismayer ist es daher nicht verwunderlich, dass jene Tradition im Alten Testament, die Mose und Jahwe zusammenspannt, ihre Ursprünge in die Sinairegion verlegt. So wird in Exodus 3,1 Mose als der Schwiegersohn eines Priesters aus Midian mit Namen Jitro vorgestellt. Vermutlich gehörte das Sinaigebirge zu den Weide- und Wandergebieten der Midianiter (vgl. Exodus 18) – einem Halbnomadenstamm an der Küste des Golfes von Akaba im nordwestlichen Arabien.

Es könnte daher so gewesen sein, dass die Mosegruppe bei ihrer Wüstenwanderung im Gebiet der Midianter dem Gottesnamen Jahwe begegnet ist und seinen eigenen Gott und die eigenen Erfahrungen mit diesem identifiziert hat. Somit erweist sich das Zeugnis der Namensoffenbarung als die eigentliche „Begründung" des alttestamentlichen Gottesglaubens, kommt in ihr doch die Grunderfahrung Israels zum Ausdruck, dass überall dort, „wo Freiheit und Leben geschenkt, erhofft und erkämpft wird, … die Wirklichkeit ‚Jahwe'" erfahrbar ist (Erich Zenger).

Ist der Glaube an den einen Gott intolerant und gewalttätig?

Im Jahr 1998 hat der Heidelberger Ägyptologe Jan Assmann mit seinem Buch „Moses der Ägypter. Entzifferung einer Gedächtnisspur"[20] spannende Diskussionen im Raum von Theologie und Kulturwissenschaft ausgelöst. Eine der Kernthesen Assmanns war dabei, dass durch die „mosaische Unterscheidung" zwischen wahren und unwahren Religionen es zu erschreckender Intoleranz und exzessiver Gewalt von Seiten der monotheistischen Religionen (Judentum, Christentum und Islam) gekommen sei. So richtig die Feststellung ist, dass im (vermeintlichen!) Namen des einen Gottes unentschuldbar Gewalt ausgeübt wurde und noch immer wird, so inadäquat ist die Begründung Assmanns dafür. Dieses Abgleiten in Gewalt kann sich nämlich nicht problemlos auf Mose berufen. Zum einen ist es historisch sehr fragwürdig, dass Mose (wie Assmann behauptet) den latent intoleranten Monotheismus von Echnaton „geerbt" hat, zum anderen gibt es unübersehbare „fremdenfreundliche" Züge im alttestamentlichen Mose-Bild. So kennt die älteste Mose-Tradition etwa keine Abgrenzung gegenüber fremder Religiosität. Mose war vielmehr mit der Tochter eines heidnischen Priesters verheiratet. Am Anfang des biblischen Eingottglaubens steht also nicht die Stiftung einer neuen Form von Religion durch Mose, die anderes abwertet. Vielmehr steht im Zentrum der Mose-Erzählung „die Erfahrung eines Gottes, der sich dadurch auszeichnet, dass er in die Freiheit führt" (H.-C. Schmitt). Nicht Gewalt gegen Andersgläubige ist daher die Folge des mosaisichen Urimpulses, sondern Widerstand gegen Repression (K.-J. Kuschel). Kuschel kommt daher zum Schluss, dass Assmann „die Friedfertigkeit des Polytheismus über- und die Leistungsfähigkeit des Monotheismus unterschätzt habe".

Die Leistungsfähigkeit des Monotheismus zeigt sich besonders deutlich im Umgang mit Gewalt[21]. Israel brauchte nämlich Jahrhunderte, um aus der religiösen Legitimierung von Gewalt herauszukommen. Zugleich war es nie gefeit, wieder in alte Muster zurückzufallen. Als wichtige Schritte heraus aus dem Rad von Gewalt und Gegengewalten waren bzw. sind aus biblischer Perspektive und Erfahrung: das Sehen-Lernen und Benennen von Gewalt, das Erkennen von strukturellen Gründen (Fehlen von Recht und Gerechtigkeit) durch die Propheten sowie das hautnahe Erleben der Opferperspektive (v. a. im Babylonischen Exil). Ohne die immer klarere und deutlichere Erfahrung des „Ich-bin-da" wäre dieser Lernprozess heraus aus der Gewaltverhaftung hin zu Gewaltlosigkeit aber nicht möglich gewesen. Biblisch betrachtet ist daher eine Gleichsetzung von Gott und Gewalt nicht möglich. Vielmehr kommt es darauf an, sich von der Bibel bei der Hand nehmen zu lassen und mit ihrer Hilfe zu lernen, wie auch wir aus unserer eigenen Gewaltverhaftung herauskommen können. Die Bibel hält dafür einen Weg bereit, der Erfahrungen aus über 1000 Jahren umfasst.

2.3 Sinai: Grundgebote der Humanität

Neben dem Glauben an den universalen Befreiergott Jahwe verdankt die Religions- und Kulturgeschichte dem Judentum noch ein zweites Vermächtnis: die Besinnung auf ein „Grundgesetz des Menschenanstandes" in Form der Zehn Gebote. Diese Zehn Gebote oder – richtiger formuliert – Zehn Worte, stehen für eine „Kernmoral" und eine „Verfassung der Menschheit" (Die Zeit). Ihre Grundintention ist es, nicht Leben einzuengen, sondern Freiheit und Humanität zu sichern. Deshalb beginnen die Zehn Gebote auch mit einer besonderen Einleitung: „Ich bin Jahwe, dein Gott, der dich aus Ägypten geführt hat, aus dem Sklavenhaus".

Grenzpfähle für eine humane Gesellschaft ...

Als „Grenzpfähle für eine humane Gesellschaft" (R. Gronemeyer) enthalten die Zehn Gebote keine Strafbestimmungen. Sie sind nicht als Rechtssätze zu interpretieren und dienen keiner Gerichtsbarkeit. Am ehesten sind sie als Anweisungen für das Leben und als „Verhaltensregeln" für ein Leben in Freiheit zu verstehen. Dementsprechend behaften sie „den Täter (auch) nicht bei einer bestimmten, bereits geschehenen Tat, sondern richten sich in die Zukunft, warnen vor noch ungeschehener Tat" (W. H. Schmidt). Im Blick sind hier also jene Kriterien, die für eine humane und freie Gesellschaft unaufgebbar sind.

... gerichtet an die Mächtigen und Habenden

Erwähnt werden muss, dass sich die Zehn Gebote von Anfang an nicht an Kinder, sondern an die Mächtigen und Habenden in Israel richten. Deshalb sind die „Anweisungen für das Land der Freiheit" (F. Steffensky) vorwiegend als Einschränkungen formuliert. Der Soziologe und Theologe Reimer Gronemeyer bringt diese Besonderheit des Dekalogs so auf den Punkt: „Das ist vielleicht das innerste Geheimnis des Dekalogs: dass es dem Recht des Stärkeren einen Riegel vorschiebt und damit so etwas wie Menschwerdung und Entstehung von Gesellschaft möglich macht." Den freien, Land besitzenden, rechtsfähigen und kultfähigen Bauern in Israel gilt also zuerst das „Du sollst nicht ...", da die Begrenzung ihrer Rechte zugleich eine Stärkung der Rechte der Schwachen und der Habenichtse im Land bedeutet. Somit sind mit dem „Du" der Gebote und Verbote zuerst die Verantwortlichen des Gemeinwesens, der Gesellschaft und der Politik gemeint. Die Zehn Gebote sind somit ein politisches Dokument, weil sie auf die Bedingungen eines gemeinschaftlichen Lebens in Freiheit zielen. Erst in zweiter Linie sind sie Weisungen für das Leben des einzelnen Menschen.

Die Zehn Gebote als Gründungsurkunde Israels[22]

So wie das Bild des Mose Jahrhunderte später durch die Auseinandersetzung mit der assyrischen Königsideologie und der damit verbundenen Politik der Unterdrückung einen bestimmten Akzent bekommen hat (Mose als Befreier aus der Unterdrückung), bekommen auch die Zehn Gebote durch die Auseinandersetzung mit bestimmten Herrschaftsansprüchen in späterer Zeit eine besondere Botschaft. Alles Recht war im Alten Orient nämlich ursprünglich Königsrecht. Als Werkzeug der Götter (so in Mesopotamien) oder als selbst göttliches Wesen (so in Ägypten) konnte der König dem Recht zur Herrschaft verhelfen. Königsherrschaft und Herrschaft des Rechts waren untrennbar miteinander verbunden. Als Reaktion darauf wird im Deuteronomium mit der Komposition des Dekalogs als *Gründungsurkunde Israels* etwas ganz Neues und Anderes geschaffen. Wurde bisher die Gemeinschaft eines Volkes durch Untertanengesinnung konstituiert, bekam für Israel nun die Einhaltung des Dekalogs Bedeutung für die Bildung der Gemeinschaft. Dabei ging es konkret um die aktive Weltgestaltung nach dem im Dekalog zusammengefassten Willen Gottes. So wird erstmals im Alten Orient dem Gedanken der politischen Freiheit durch die Bindung an den Gotteswillen Raum gegeben. Durch diese Bindung aber werden alle politischen Loyalitätsansprüche in die Schranken gewiesen.

Eine neue Zielrichtung der Gebote

In dieser Funktion als Gründungsdokument für Israel verändern sich – so Eckart Otto – die Zielrichtungen der Einzelgebote des Dekalogs und transzendieren ihren ursprünglichen altorientalischen Hintergrund: „Das Ehegebot wird zur Forderung gegenseitiger Treue von Mann und Frau, das Elterngebot zur Verpflichtung der jungen Generation, für die Eltern in allen Lebenslagen, insbesondere im Alter, einzustehen. Das Tötungsverbot will jede Form Gemeinschaft zerstörenden Blutvergießens unterbinden. Das Diebstahlsverbot, das ursprünglich den Menschendiebstahl untersagte, sichert zusammen mit dem Begehrensverbot die Freiheitsrechte des Menschen, zu denen auch ihre wirtschaftliche Lebenssicherung gehört. Aus den Abwehrrechten sind Freiheitsrechte geworden, die wie im Sabbatgebot den Schutz der Schwachen einschließen und in diesem Sinne im exilisch- und postexilisch fortgeschriebenen Deuteronomium breit entfaltet werden".

Bis heute bedeutend

Offensichtlich gibt es gegenwärtig wieder ein neues Interesse an den Zehn Geboten. Vielleicht kommt die frische Neugier daher, dass unsere Zeit nach Orientierung sucht.

Gefragt sind Leitbilder für ein gutes Leben, die im kurzatmigen Rhythmus der täglichen Veränderungen Bestand haben und ihre Kraft erweisen. Im Rahmen dieser Suche werden alte Traditionen und ihre Jahrtausende alten Erfahrungen neu entdeckt – so auch die Zehn Gebote. Sie gehören zusammen mit dem „Vaterunser" und der „Bergpredigt" zur „eisernen Ration" eines Christenmenschen. Die Zehn Gebote aber machen anschaulich, dass ohne unbedingte Voraussetzungen (formuliert in den Geboten 1–3) und ohne jene „Eckwerte", die gesellschaftlich wie individuell geschützt werden müssen (Gebote 4–10), ein Gelingen eines Lebens in Freiheit nicht möglich ist. Wer sensibel wird für jene unbedingten Voraussetzungen und auf das achtet, was die Eckwerte schützen (etwa ein Altern in Würde, die Schwachen und die Unantastbarkeit des Lebens), der trägt zu einer humanen Gesellschaft bei.

2.4 Die fünf Bücher Mose (Tora)

Die Tora umfasst die fünf Bücher Genesis, Exodus, Leviticus, Numeri und Deuteronomium. Im Hebräischen heißen die Bücher nach dem jeweiligen ersten Wort:

Bereschit – Im Anfang schuf (Genesis)
Schemot – Dies sind die Namen (Exodus)
Wajikra – Und es rief Jahwe (Levitikus)
Bemidbar – Und es redete Jahwe in der Wüste (Numeri)
Davarim – Dies sind die Worte (Deuteronomium)

Die fünf Bücher werden auch als die fünf Bücher Mose bezeichnet: Sie sind so wichtig und zentral, dass sie der geistigen Autorität des Mose unterstellt werden. Die Hochachtung gegenüber der Tora äußert sich darin, dass sie fehlerfrei auf Pergament geschrieben sein muss (aus der Haut rituell reiner Tiere mit besonders hergestellter Tinte und Gänsekiel).

Sie besteht aus 284 Kolumnen bzw. 54 Abschnitten. Die Pergamentblätter werden zu einem langen Streifen genäht und um zwei Stäbe gerollt („Baum des Lebens"). Die Tora ist in ein längliches Stofftuch gewickelt, anschließend ist ihr ein Gewand umgelegt und eine Krone aufgesetzt. Dadurch erinnert sie an die Gewänder der Tempelpriester. Das Lesen der Tora ist nur mit dem Torazeiger möglich, wobei ein metallenes Toraschild zeigt, wie weit die Rolle jeweils gelesen wurde. Selbstverständlich umfasst die „Bibel" des Judentums aber noch andere „Bücher" bzw. Teile. Es gibt neben der Tora (Lehre/Gesetz) die Nevi'im (Propheten) und die Ketuvim (die Schriften)[23].

Einzelinhalte der fünf Bücher Mose[24]

Das erste Buch Mose („Genesis") enthält die

- Urgeschichte von der Schöpfung bis zur Völkertafel (Gen 1–11),
- Abrahamserzählungen (Gen 12–25),
- Geschichten von Jakob und Esau (Gen 25–36),
- Josephsgeschichte (Gen 37–50).

Das zweite Buch Mose („Exodus") enthält

- die Rettung aus Ägypten (Ex 1–15),
- die Bewahrung in der Wüste (Ex 16–18),
- die Gesetzesoffenbarung und Bundesschluss am Sinai (Ex 19–24),
- Gesetze zum Bau des Heiligtums (Ex 25–31),
- die Krise und Erneuerung des Bundes (Ex 32–34),
- den Bau des Heiligtums (Ex 35–40; Ausführung von Ex 25–31).

Das dritte Buch Mose („Leviticus“) enthält
- Opfergesetze (Lev 1–7),
- Anordnungen zur Priesterweihe (Lev 8–10),
- Reinigungsgesetze (Lev 11–15),
- Anweisung zum großen Versöhnungstag (Lev 16),
- das Heiligkeitsgesetz (Lev 17–27).

Das vierte Buch Mose („Numeri“) enthält
- Zählung und Lagerordnung der Stämme (Num 1–2),
- verschiedene Priestergesetze (Num 3–10),
- Zug des Volkes durch die Wüste (Num 10–20),
- Eroberung des Ostjordanlandes (Num 20–36).

In ihm sind weitere heterogene Kult- und Sozialgesetze verstreut, die man zum Priestergesetz zählt, das die Bücher 2–4 durchzieht: darunter die Kapitel Num 15, 19, 27–31, 33, 34, 35, 36.

Das fünfte Buch Mose („Deuteronomium“) enthält
- die Einleitungsreden des Mose (Dtn 1–11),
- das deuteronomische Gesetz (Dtn 12–26),
- Schlussreden des Mose (Dtn 27–30),
- Fluch und Segen, Tod des Mose als Abschluss des Pentateuch (Dtn 31–34).

Autorenschaft und Entstehungszeit[25]

Auf der Basis einer immer differenzierteren Textanalyse und neuerer archäologischer und altorientalistischer Forschungsergebnisse nehmen heute die meisten Forscherinnen und Forscher an, dass der Pentateuch seine redaktionelle Endgestalt erst nach dem Babylonischen Exil im 5. Jahrhundert v. Chr. gewann. Sie wird auf Priester in Israel, vor allem am Jerusalemer Tempel, zurückgeführt. Seine ältesten, lange Zeit mündlich überlieferten Stoffe reichen jedoch bis 1500 v. Chr. zurück. Um 440 v. Chr. wurde der

Pentateuch als Tora kanonisiert und bildet seitdem den Hauptteil des Tanach (hebräische Bibel mit den drei Teilen Tora, Propheten und Schriften) mit normativem Charakter für die jüdische Religion. Eine Motivation dafür sieht die Forschung darin, einen Zusammenhalt der Volksstämme in Israel durch eine „definitive" Religion sicherzustellen und Widersprüche in älteren heterogenen Überlieferungen auszugleichen.

Im Gefolge: Mischna und Talmud

Zwei weitere wichtige Quellen des Judentums sind Mischna und Talmud. Die Mischna liegt in ihrer schriftlichen Form ab 70 n. Chr. vor. Hier wurde die lange mündliche Auslegungstradition der Tora von Gelehrten-Generation zu Gelehrten-Generation festgehalten. Da die Mischna selbst bzw. bestimmte Teile darin wiederum diskutiert wurden (Gemara), entstand auf der Grundlage von Mischna und Gemara der Talmud (z. B. Babylonischer Talmud, Jerusalemer Talmud).

2.5 … wie Mose: was Jüdinnen und Juden glauben

Im Zentrum jenes Glaubens, der sich auf Mose beruft, steht der Glaube an den einen Gott. Dementsprechend heißt es in Deuteronomium 6,4: „Höre Israel: Der Ewige (JHWH) ist unser Gott, der Ewige (JHWH) ist der Einzige." Der Glaube an den einen Gott ist so bedeutsam, dass er während des Alltags nicht aus dem Blick und in Vergessenheit geraten soll. Deshalb heißt es in Dtn 6,5–9:

> „Darum sollst du den Herrn, deinen Gott, lieben mit ganzem Herzen, mit ganzer Seele und mit ganzer Kraft.

Diese Worte, auf die ich dich heute verpflichte, sollen auf deinem Herzen geschrieben stehen.
Du sollst sie deinen Söhnen wiederholen. Du sollst von ihnen reden, wenn du zu Hause sitzt und wenn du auf der Straße gehst, wenn du dich schlafen legst und wenn du aufstehst.
Du sollst sie als Zeichen um das Handgelenk binden. Sie sollen zum Schmuck auf deiner Stirn werden.
Du sollst sie auf die Türpfosten deines Hauses und in deine Stadttore schreiben."

So sehr hier der Glaube an den einzigen Gott auf verschiedene Weise in den Blick und in das Bewusstsein gerückt wird (z. B. durch Gebetsriemen und Stirnkapsel; die Mesusa; koschere Speisen ...), so sehr fehlt in der Bibel eine systematische Zusammenfassung des Glaubens. Um das Jahr 1200 n. Chr. formulierte daher der Rabbiner Moses Maimonides dreizehn Glaubensartikel in seinem Kommentar zur Mischnah (wichtigste Sammlung religionsgesetzlicher Überlieferungen). Diese dreizehn Glaubenssätze (hebr. Schloschah-Asar Ikarim) erläutern und vertiefen das „Schma Israel" aus Deuteronomium 6,5. Diese Glaubensartikel haben im Judentum nicht dieselbe Bedeutung wie die Dogmen im Christentum. Sie wurden aber in das Gebetbuch für die Wochentage und den Sabbat (Sidur) aufgenommen. Hier dienen sie als Einführung zum morgendlichen Gottesdienst. Der Journalist und Schriftsteller Leo Hirsch (1903–1943) schrieb in seinem Buch „Praktische Judentumskunde" aus dem Jahr 1935: „Es ist nicht Pflicht, aber guter Brauch, dass jeder Jude an jedem Tage die biblischen Zehn Gebote und die dreizehn Glaubensartikel, in welche der große Maimonides (1135–1204) den Extrakt des juedischen Glaubens fasste, lese." Die dreizehn Glaubenssätze lauten:

- Ich glaube mit voller Überzeugung, dass der Schöpfer alle Geschöpfe erschaffen hat und lenkt und dass er allein alle Werke vollbracht hat, vollbringt und vollbringen wird.
- Ich glaube mit voller Überzeugung, dass der Schöpfer einzig ist.
- Ich glaube mit voller Überzeugung, dass der Schöpfer kein Körper ist und Körperliches ihm nicht anhaftet.
- Ich glaube mit voller Überzeugung, dass der Schöpfer der Erste ist und der Letzte sein wird.
- Ich glaube mit voller Überzeugung, dass der Schöpfer allein Anbetung verdient und dass es sich nicht gebührt, ein Wesen außer ihm anzubeten.
- Ich glaube mit voller Überzeugung, dass alle Worte der Propheten wahr sind.
- Ich glaube mit voller Überzeugung, dass das Prophetentum des Mose wahr ist und dass er der Meister aller Propheten war, die vor ihm waren und die nach ihm kamen.
- Ich glaube mit voller Überzeugung, dass die ganze Tora, wie wir sie jetzt besitzen, unserem Lehrer Mose gegeben wurde.
- Ich glaube mit voller Überzeugung, dass die ganze Tora nie vertauscht wurde und dass keine andere vom Schöpfer ausgehen wird.
- Ich glaube mit voller Überzeugung, dass der Schöpfer alle Handlungen der Menschen und alle ihre Gedanken kennt, denn so heißt es: „Er, der ihre Herzen allesamt gebildet hat, versteht auch all ihr Tun."
- Ich glaube mit voller Überzeugung, dass der Schöpfer Gutes erweist denen, die seine Gebote beachten, und diejenigen bestraft, die seine Gebote übertreten.
- Ich glaube mit voller Überzeugung an das Erscheinen des Messias, und wenn er auch säumt, so harre ich trotzdem täglich seiner Ankunft.

- Ich glaube mit voller Überzeugung, dass eine Auferstehung der Toten zu der Zeit stattfinden wird, die dem Schöpfer wohl gefallen wird.

2.6 Mose und Jesus: ein Vergleich

Durch die große Bedeutung des Mose im Judentum verwundert es nicht, dass im Neuen Testament das Profil Jesu mit Blick auf diese monumentale Persönlichkeit gezeichnet wird. Besonders auffällig ist das im Matthäus-Evangelium, das sich in erster Linie an jene Christinnen und Christen richtet, die aus dem Judentum kommen[26].

Jesus – der neue Mose

Dementsprechend werden im Matthäus-Evangelium immer wieder Parallelen zwischen Jesus und Mose hergestellt, etwa in der Geburtsgeschichte, wo Herodes als neuer Pharao geschildert wird, der Kinder ermorden lässt. So wie Mose lässt Matthäus auch den kleinen Jesus in Ägypten weilen, um ihn dann wie einen wieder erstandenen Mose in das Land Israel einziehen zu lassen. Das Spezifische der jesuanischen Botschaft wird von Matthäus in einer Weise zusammengefasst, dass auch hier die Parallele zu Mose unübersehbar ist. So verdichtet der Evangelist die neuen Weisungen Jesu in Form einer „Predigt vom Berg" (Mt 5,1 – 7,29) und spielt damit auf die Weisungen des Mose vom Gottes-Berg an. Als Beginn dieser neuen Weisungen vom „Berg" stehen die acht Seligpreisungen (Mt 5,3–12). In den sechs Antithesen wiederum wird die traditionelle Mose-Tora neu ausgelegt (Mt 5,21–48): „Ihr habt gehört, dass zu den Alten gesagt worden ist ... Ich aber sage euch." In der Bergpredigt gipfelt alles in den Weisungen Gewaltlosigkeit, Machtverzicht, Vergebungsbereitschaft und Feindesliebe. Als Quintessenz von „Gesetz und Propheten" wird dabei die Gegenseitigkeit betont. Dementsprechend heißt es in der Goldenen Regel (Mt 7,12): „Alles, was ihr also von anderen erwartet, das tut auch ihnen! Darin besteht das Gesetz und die Propheten".

... mehr als Mose

Höhepunkt der Parallelisierung im Matthäusevangelium ist die Verklärungsszene (Mt 17,1–5), in der Mose und Elija mit Jesus sprechen. Diese Stelle spielt auf einen der Schlüsseltexte der alttestamentlichen Mose-Überlieferung in Dtn 18,15 an: „Einen Propheten wie mich wird der Herr, dein Gott, aus deiner Mitte, unter deinen Brüdern, erstehen lassen. Auf ihn sollt ihr hören." Matthäus nutzt diesen Textabschnitt christologisch und deutet damit die Gestalt und die Botschaft Jesu. So heißt es am Ende der Verklärungserzählung: „Noch während er redete, warf eine leuchtende Wolke ihren Schatten auf sie, und aus der Wolke rief eine Stimme: Das ist mein geliebter Sohn, an dem ich Gefallen habe; auf ihn sollt ihr hören." (Mt 17,5)

Gemeinsamkeiten und Unterschiede zwischen Jesus und Mose

Die Gemeinsamkeiten und Unterschiede beziehen sich nicht auf den historischen Mose und den historischen Jesus, sondern auf jene Bilder, die uns von den beiden in den jeweiligen Heiligen Schriften überliefert wurden.

Gemeinsamkeiten

- unmittelbare Gotteserfahrung bei Mose (Brennender Dornbusch) wie auch bei Jesus (vgl. z. B. Abba-Anrede)
- besondere Gesandte Gottes und Propheten

- unbedingte Geltung des Gotteswillens; das Leben nach dem Willen Gottes bedeutet für beide im Letzten Freiheit und Menschlichkeit sowie Verwandlung der Gesellschaft
- Befreier (aus politischer Knechtschaft; aus falschen religiösen Abhängigkeiten und Vorstellungen …)
- Verzicht auf königliche Existenz, statt dessen Leben mit dem Volk
- Leiden am eigenen Volk
- Sterben „außerhalb“: des hl. Landes (Mose), der hl. Stadt (Jesus)

Unterschiede

Mose	Jesus
Auseinandersetzung mit der Macht der politisch-ökonomischen Eliten „Pharao“)	eher Auseinandersetzung mit der Macht der religiösen Eliten, ihrer Macht über das Gewissen …
Unterstützung kriegerischer Handlungen; steht seinem Volk im Kampf bei	verweigert kriegerische Auseinandersetzungen: „Steck dein Schwert ein …“
Land Israel hat als gelobtes Land große Bedeutung – bedeutsames Ziel	Ein Landbesitz oder eine Landnahme steht nicht im Blick, sogar Relativierung des „Landes-Denkens“ (etwa im Vaterunser).
Tora wird unter die Autorität des Mose gestellt (die fünf Bücher Mose), dementsprechend geht es um ein Tora-gemäßes Leben	Relativierung der Tora (z. B. durch Wunder am Sabbat), um damit noch deutlicher den „menschlichen“ Gott erfahrbar zu machen

endzeitliches Heil durch Einhalten der Tora-Weisungen	Heil: nicht mehr ausdrücklich vom Einhalten des Gesetzes abhängig, sondern von der Antwort auf seine Botschaft
stirbt nicht durch die Hand seines Volkes	stirbt unter Mitwirkung des religiösen Establishments seines Volkes
klare Trennung von Mose und Gott	„Ineinander" von Jesus und Gott: Wer mich sieht, sieht den Vater.

2.7 Judentum und Christentum: ein spezielles Verhältnis

Im Laufe der Zeit haben sich verschiedene Bilder herauskristallisiert, um das einzigartige Verhältnis zwischen Judentum und Christentum zu beschreiben. Hans-Hermann Henrix, der unter anderem Berater der Deutschen Bischofskonferenz in Fragen des Judentums ist, gibt einen interessanten Überblick über die gängigsten Metaphern.

Vergleiche aus dem Familienbereich[27]

Eines der gängigsten Bilder, um das Verhältnis zwischen Judentum und Christentum zu beschreiben, ist das Bild von Mutter und Tochter. Diese Charakterisierung sieht im Judentum den Mutterboden, aus dem heraus sich das Christentum entwickelt hat. Zwischen den beiden Religionen gibt es – trotz deren unverwechselbarer Profile – somit eine enge familiäre Beziehung. Gerade für Christinnen und Christen ist es – auch mit Blick auf Jesus – von besonderer Bedeutung, dass sich das Christentum dem Judentum verdankt. Trotz dieser positiven Assoziation, die heute vorherrscht, wurde in der Vergangenheit die Mutter-Tochter-Beziehung auch negativ interpretiert, etwa in dem Sinn, dass die Mutter die Tochter bzw. die Tochter die Mutter verstoßen hat oder der Tochter die Zukunft gehört.

Papst Johannes Paul II. hat für das Verhältnis zwischen Judentum und Christentum ebenfalls eine Metapher aus dem „Familienbereich“ angewandt. Als er bei seinem historischen Besuch in der römischen Synagoge vom 13. April 1986 das Verhältnis zwischen beiden Gemeinschaften beschrieb, sagte er u. a.: „Die jüdische Religion ist für uns nicht etwas ‚Äußerliches‘, sondern gehört in gewisser Weise zum ‚Inneren‘ unserer Religion. Zu ihr haben wir somit Beziehungen wie zu keiner anderen Religion. Ihr seid unsere bevorzugten Brüder und, so könnte man gewissermaßen sagen, unsere älteren Brüder.‘“

Anstelle der Metapher von älteren und jüngeren Geschwistern empfiehlt Daniel Boyrin, Professor für talmudische Kultur an der Universität Berkeley (gemeinsam mit anderen Forschern), von ‚Zwillingsgeburt‘ oder von zwei Töchtern aus dem Komplex jüdischer Gruppen oder von Zwillingsbrüdern wie Jakob und Esau als Kindern Rebekkas zu sprechen. In diesem Sinn bezeichnet auch die katholische Theologin Mary Booys Juden und Christen bzw. Jüdinnen und Christinnen als „zweieiige Zwillinge“. Wobei hier noch einmal offen bleiben darf, ob dieses Geschwisterverhältnis als ein geglücktes und relativ spannungsfreies Verhältnis oder eher als ein konfliktreiches gelebt bzw. erlitten wird.

Wie sehr sich das Verhältnis zwischen den beiden Religionen verändert hat oder in Änderung begriffen ist, spiegeln die Dokumente „Nostra Aetate“ und „Dabru emet“ wider.

Nostra Aetate: Das Zweite Vatikanische Konzil

Die römisch-katholische Kirche hat sich jahrhundertelang sehr schwer mit anderen Religionen, insbesondere aber – durch die gemeinsame Anfangsgeschichte – mit dem Judentum getan. Mit dem Zweiten Vatikanischen Konzil kommt diese belastete Geschichte zu einem zukunftsfähigen Wendepunkt. Anstelle einer lang gepflegten „Enterbungs,- Abstoßungs- und Übertrumpfungstheologie gegenüber Israel" (K.-J. Kuschel), sieht sich die katholische Kirche jetzt ein für allemal „geistlich verbunden" mit dem Judentum und seinen Menschen. Grund dafür ist das Ernstnehmen und Wiederentdecken der Bibel. Das aber bedeutet, dass es künftig „kein Selbstverständnis der Kirche mehr ohne Israel oder gar gegen Israel" gibt (K.-J. Kuschel). Und da Gott seinen Bund gegenüber Israel nie aufgekündigt hat, gibt es mit dem Judentum sogar einen gottgewollten Heilsweg neben der Kirche.

Somit wurde „aus einem neuen Nachdenken über die eigene Glaubensurkunde heraus, ... das dualistisch-konfrontative Denken abgelöst durch ein Beziehungsdenken Kirche – Nichtchristliche Religionen" (K.-J. Kuschel). Die neu gefundene Beziehung zu den anderen Religionen konkretisiert sich dabei in den drei Punkten: „Gemeinsamkeiten suchen, gegenseitiges Vertrauen anstreben, innere Verbindung erkennen" (K.-J. Kuschel). Dementsprechend heißt es mit Blick auf das Judentum in dem Konzildokument „Nostra Aetate":

> „Bei ihrer Besinnung auf das Geheimnis der Kirche gedenkt die Heilige Synode des Bandes, wodurch das Volk des Neuen Bundes mit dem Stamme Abrahams geistlich verbunden ist. ... Deshalb kann die Kirche auch nicht vergessen, dass sie durch jenes Volk, mit dem Gott ... den Alten Bund geschlossen hat, die Offenbarung des

Alten Testamentes empfing und genährt wird von der Wurzel des guten Ölbaums, in den die Heiden als wilde Schösslinge eingepfropft sind."

Die Konzilsväter betonen, dass Jesus selbst Jude war, ebenso die Apostel und die meisten jener ersten Jünger, die das Evangelium Christi in die Welt hinausgetragen haben. Die Jüdinnen und Juden bleiben von Gott geliebt, „sind doch seine Gnadengaben und seine Berufung unwiderruflich". Aufgrund des gemeinsamen geistlichen Erbes gilt es, „die gegenseitige Kenntnis und Achtung" zu fördern.

Dabru emet: Eine jüdische Stellungnahme zum Verhältnis von Judentum und Christentum

Auch im Judentum gibt es Entwicklungen in Richtung eines erfreulichen Umdenkens (trotz unübersehbarer Gegenpositionen dazu in den eigenen Reihen). So haben beispielsweise im September 2000 mehr als 200 jüdische Gelehrte und Rabbiner eine Stellungnahme über das Verhältnis zwischen Judentum und Christentum herausgegeben – unter dem Titel Dabru emet" („Redet Wahrheit"). Mit dieser Stellungnahme reagieren die Herausgeber auf das epochale christliche Umdenken gegenüber dem Judentum. „Dabru emet" beeindruckt dabei durch sein theologisch motiviertes Beziehungsdenken: „Keine Rede hier von einem Alleinvertretungsanspruch auf Offenbarung, unbekümmert um andere Glaubenswege. Abwesend auch die nicht selten von jüdischer Seite geäußerte Asymmetrie-Behauptung, derzufolge zwar Christen auf das Gespräch mit dem Judentum, Juden aber nicht auf ein Gespräch mit dem Christentum angewiesen seien" (K.-J. Kuschel). In acht kurzen Punkten, die im Folgenden auszugsweise vorgestellt werden, wird erläutert, auf welche Weise Christen und Juden miteinander in Beziehung stehen können:

1. Juden und Christen beten den gleichen Gott an.
2. Juden und Christen stützen sich auf die Autorität ein und desselben Buches – die Bibel (das die Juden „Tenach“ und die Christen das „Alte Testament“ nennen). In ihm suchen wir nach religiöser Orientierung, spirituеller Bereicherung und Gemeinschaftsbildung und ziehen aus ihm ähnliche Lehren: Gott schuf und erhält das Universum; Gott ging mit dem Volk Israel einen Bund ein und es ist Gottes Wort, das Israel zu einem Leben in Gerechtigkeit leitet; schließlich wird Gott Israel und die gesamte Welt erlösen. Gleichwohl interpretieren Juden und Christen die Bibel in vielen Punkten unterschiedlich. Diese Unterschiede müssen immer respektiert werden.
3. Christen können den Anspruch des jüdischen Volkes auf das Land Israel respektieren. …
4. Juden und Christen anerkennen die moralischen Prinzipien der Tora. Im Zentrum der moralischen Prinzipien der Tora steht die unveräußerliche Heiligkeit und Würde eines jeden Menschen …
5. Der Nazismus war kein christliches Phänomen. Ohne die lange Geschichte des christlichen Antijudaismus und christlicher Gewalt gegen Juden hätte die nationalsozialistische Ideologie keinen Bestand finden und nicht verwirklicht werden können. … Dennoch war der Nationalsozialismus selbst kein zwangsläufiges Produkt des Christentums …
6. Der nach menschlichem Ermessen unüberwindbare Unterschied zwischen Juden und Christen wird nicht eher ausgeräumt werden, bis Gott die gesamte Welt erlösen wird, wie es die Schrift prophezeit. … So wie Juden die Treue der Christen gegenüber ihrer Offenbarung anerkennen, so erwarten auch wir von Christen, dass sie unsere Treue unserer Offenbarung gegenüber respektieren. …

7. Ein neues Verhältnis zwischen Juden und Christen wird die jüdische Praxis nicht schwächen. ... Nur wenn wir unsere eigenen Traditionen pflegen, können wir in Aufrichtigkeit dieses Verhältnis weiterführen.
8. Juden und Christen müssen sich gemeinsam für Gerechtigkeit und Frieden einsetzen.

3. Buddhismus

„Einen Einzigen gibt es, der den Gedanken eingeben könnte,
ihn in die Nähe Jesu zu rücken: Buddha.
Dieser Mann bildet ein großes Geheimnis.
Er steht in einer erschreckenden,
fast übermenschlichen Freiheit;
zugleich hat er dabei eine Güte, mächtig wie eine Weltkraft.
Vielleicht wird Buddha der letzte sein,
mit dem das Christentum sich auseinanderzusetzen hat.
Was er christlich bedeutet, hat noch keiner gesagt.
Vielleicht hat Christus nicht nur einen Vorläufer
aus dem alten Testament gehabt,
Johannes; den letzten Propheten,
sondern auch einen aus dem Herzen der antiken Kultur,
Sokrates,
und einen dritten,
der das letzte Wort östlich-religiöser Erkenntnis
und Überwindung gesprochen hat, Buddha."

(aus: Romano Guardini, Der Herr, Würzburg 1951)

3.1 Die Person Siddharta Gautama

Jene Person, die gemeinhin als Buddha[28] bezeichnet wird, heißt mit seinem eigentlichen Namen Siddharta Gautama. Siddharta stammte aus einer Adelsfamilie. Sein Vater Shuddhodana war gewählter Regent bzw. Vorsitzender der Zivilverwaltung eines Adelsfreistaates im indisch-nepalesischen Grenzgebiet. Siddhartas Vater hatte zwei Frauen: Maya und Mahaprajapati. Diese beiden Frauen waren Cousinen. Auf dem Weg zu ihren Eltern wurde Maya im Hain beim Ort Lumbini (heute: Rummindei/Nepal) von der Geburt überrascht. Da Maya sieben Tage nach der Geburt starb, übernahm Mahaprajapati, die Tante Siddhartas, dessen Erziehung.

Wie im Christentum gibt es auch im Buddhismus besondere Geburtslegenden, insbesonders in der Sammlung Lalitavistara. So wird etwa erzählt, dass die Götter deutlich sehen konnten, wie der künftige Buddha (Bodhisatta) in der typischen Yogahaltung im Mutterleib aus der Seite heraustrat. Nach der Geburt gossen die Götter wohlduftendes Wasser über das Neugeborene und die ganze Welt war erfüllt von strahlendem Glanz.

Auf dem Weg zum Erleuchteten[29]

Mit 29 Jahren verließ Siddharta Gautama den väterlichen Palast – und damit verbunden Wohlstand und Sicherheit. Der Vater muss einen derartigen Schritt befürchtet haben, denn er versuchte Siddharta unter allen Umständen zu Hause zu halten. So dürften Heere von Frauen aufgeboten worden sein, um ihn mit Gesang, Musik und Tanz in dem gewohnten Luxus zu halten. Aber Überdruss und Ekel vor Krankheit, Alter und Tod hatten schon längst den jungen Mann erfasst und Siddharta entschied sich für das Leben als Bettelmönch. Er wählte die „Hauslosigkeit", den Aufbruch aus seinem bisherigen Leben und wohl auch aus den bisherigen religiösen Gepflogenheiten, die ihn nicht mehr zu befriedigen schienen. Einiges deutet darauf hin, dass der Vater seine Zustimmung zu Gautamas Wunsch von der Frage des Nachwuchses abhängig gemacht hat. Es verwundert daher nicht, dass Siddharta am Tag der Geburt seines Sohnes Rahula aus dem Palast aufbricht.

Siddharta beschritt den Weg strengster Askese mit dem Ziel, den Kreis der Wiedergeburten und die damit zusammenhängende ständige Rückkehr ins Leid bzw. Vergängliche zu durchbrechen. Weder Askese noch radikale Reduzierung der Nahrung, weder die Aufnahme der eigenen Exkremente noch Peinigungen brachten ihn im Lauf von sechs Jahren jedoch zu seinem Ziel. Erst die Erinnerung daran, wie er bei den Feldarbeitern seines Vaters im kühlen Schatten eines Baumes gesessen und in eine erste Versenkung eingetreten war, vermittelte ihm das Gefühl tiefer Freude. Da aber eine solche Freude mit einem aufs Äußerste abgemagerten Körper nicht leicht zu erlangen war, gab Siddharta die unmenschliche Askese auf und entdeckte für sich den „mittleren Weg" zwischen Genuss-Sucht und Askese.

Die Erleuchtung

Mit der Entdeckung des „Mittleren Weges" aber war aus Siddharta ein Buddha geworden: ein Erwachter, ein Erleuchteter. Den „Mittleren Weg" ließ Buddha später in seine berühmte Predigt von Benares einfließen.

> „Folgende zwei Extreme, ihr Mönche,
> sind von dem, der die Welt verlassen will, zu meiden.
> Welche zwei?
>
> Das erste besteht in der Betätigung der Lust,
> Freude und Neigung zu den Vergnügungen;
> es ist niedrig, gemein, passt nur für einen Unbekehrten,
> ist unedel und führt zum Verderben.
>
> Das zweite besteht in der Betätigung
> übermäßiger Selbstanstrengung;
> es ist leidensvoll, unedel
> und führt auch zum Verderben.
>
> Diese zwei Extreme sind zu vermeiden.
> Der mittlere Weg aber bringt Einsicht und Verständnis
> und führt zur Ruhe, zur Erkenntnis, zur Erleuchtung,
> zum Nirvana." *(Pali-Kanon: Samyutta-Nikaya 56)*

Als Ort dieser Einsicht gilt der Marktflecken Uruvela. Heute heißt Uruvela Bodh-Gaya und befindet sich im indischen Bundesstaat Bihar. Die auf das Erwachen folgende große Erkenntnis vom „achtfachen Pfad" soll ebenfalls noch in derselben Nacht erfolgt sein.

Das, was sich unter dem Baum abgespielt hat, ist kaum zu rekonstruieren. Es wird aber weder ein spontaner Vorgang noch ein Erkenntnisakt im Zustand von Trance gewesen sein. Die Erwähnung von drei Nachtwachen lässt eher auf einen Zeitraum von 8–10 Stunden schließen. Dementsprechend dürfte die „Erleuchtung" durch einen 4-stufigen, disziplinierten Versenkungsakt eingeleitet worden sein: Über das Aufhören sinnlicher Lust und Beginn des Nachdenkens, zum Fühlen und „Auslaufen-" bzw. Aufhören-Lassen von Befriedigung und Freude bis hin zum Erlangen der Gleichmut. In der zweiten Nachtwache erkannte der künftige Buddha die Kausalkette und ihre Bedeutung für die Wiedergeburt (alles ist bedingt). In der dritten Nachtwache fand er für sich die vier Wahrheiten.

Predigt in Benares

Sechsundfünfzig Tage nach seiner Erleuchtung soll Buddha seine berühmte Predigt über die vier edlen Wahrheiten in Benares gehalten haben. Ein wichtiger Begriff ist dabei für Buddha „dukkha", was oft mit Leiden bzw. Übel übersetzt wird. Umfassender ist „dukkha" aber als Unvollkommenheit, Unbeständigkeit und Nichtigkeit zu verstehen. Da alles in der Welt unbeständig ist, ist es zugleich unzuverlässig und kann deshalb die Menschen nicht zufrieden stellen. Es gilt daher, sich vom „Anhaften" an das Unbeständige, Unvollkommene, Verändernde bzw. Vergehende zu lösen und sich aus dem Rad der Wiedergeburten zu befreien. Mit der Predigt in Benares begann sich – so die Buddhisten – das „Rad der Lehre" bis heute zu drehen. Vom Ende der Predigt in Benares heißt es dementsprechend: „… erfreut und entzückt waren die Mönche über das, was der Erhabene geredet hatte. Während aber diese Predigt gehalten wurde, erlangte der ehrwürdige Kondanna das leidenschaftslose, reine Erkennen der Lehre, dass nämlich, was immer einen Ursprung hat, … auch dem Aufhören unterworfen ist. So ist vom Erhabenen das Rad der Lehre in Bewegung gesetzt worden …“[30]

Buddhas Gefolgschaft

In der Zeit zwischen Erleuchtung und Tod – das ist ein Zeitraum von rund 40 Jahren – folgten dem Buddha viele Anhänger nach[31], darunter drei Personen, die ein besonderes Verhältnis zu Buddha hatten: Rahula, der Sohn des Buddha, sein Cousin und Lieblingsjünger Ananda sowie Devadatta, ebenfalls ein Cousin Buddhas. (Devadatta werden Machthunger, eine eventuelle Verstrickung in einen politischen Putschversuch und radikale Ansichten nachgesagt.) Auch zwei Könige bekannten sich zu Buddha. Obwohl Buddha Frauen als Verkünder der Lehre hochschätzte und sie als gleichberechtigt auf dem Weg zur Selbsterlösung anerkannte, war deren Aufnahme in den Mönchsorden nicht selbstverständlich. So sträubte sich Buddha zunächst, als seine Pflegemutter Mahaprajapati ebenfalls die Hauslosigkeit anstrebte und sich ihm als Nonne anschließen wollte. Erst beim dritten Versuch, als sie sich die Haare scheren ließ und ihm nachreiste, gab er auf Drängen von Ananda nach. Buddha stellte jedoch Forderungen an seine Mutter als Bedingung für die Aufnahme:

> „Eine schon hundert Jahre geweihte Nonne
> muss einen Mönch, der an diesem Tag geweiht wurde,
> ehrfurchtsvoll grüßen, sie muss vor ihm aufstehen,
> die Hände gegen ihn falten und ihre Pflichten

gegen ihn erfüllen;
diese Vorschrift ist zu achten, hochzuhalten, zu ehren,
zu verehren und zeitlebens nicht zu übertreten."

Die Pflegemutter willigte ein und begründete damit eine Tradition, über die männliche Mönche nicht gerade glücklich waren. Wenig im Blick Buddhas bzw. seiner Mönchsgemeinschaft schienen auch Kranke (außer sie waren bereits Mönche) und Angehörige aus den untersten Schichten des Volkes gewesen zu sein. Vom Lieblingsjünger Ananda soll der Satz stammen: „Von großer Bedeutung würde es sein, wenn angesehene Leute sich der Lehre anschlössen." Insgesamt betrachtet dürfte Buddhas Leben und das seiner Jüngergemeinde eher gleichmäßig verlaufen sein.

Der Tod Buddhas

Vom Lebensende des Buddha[32] haben wir ein Zeugnis, das zu den Perlen der indischen Literatur gehört: das Buch vom Mahapar-nibbana (Buch vom großen Eingehen Buddhas ins Paranirva). Dieser Text spiegelt zugleich die Nachsicht und Güte Buddhas dem Mann gegenüber, der unwissentlich seinen Tod verursacht hatte. Cunda, der Goldschmied, erfuhr nämlich von Buddhas Aufenthalt in der Nähe, suchte ihn auf und hörte begeistert seine Lehre. Für den nächsten Tag lud er Buddha zum Essen ein. Bei diesem Essen wurde Schweinefleisch gereicht, das wahrscheinlich verdorben war. Als Buddha seinen Tod nahen spürte, gab er die Anweisung, dem Schmied Cunda keinerlei Vorwürfe zu machen. Vor seinem Tod defilierten noch die Vornehmen aus der Republik Malla an ihm vorbei, ein Mönch, der aus einer anderen Schule kam, wurde noch von Buddha selbst in den Orden aufgenommen. Nach einem letzten Wort starb Buddha hoch angesehen.

Die Legende erzählt, dass sich Buddha zum Sterben unter Sala-Bäumen niedergelegt hatte, die ihn sogleich mit ihren Blüten überschütteten – obwohl nicht ihre Blütezeit war. Der Buddha soll dann meditierend die verschiedenen Stufen der Versenkung hinauf, hinab und wieder hinauf gestiegen sein, um dann in das jenseitige Nirvana einzugehen. Dieses Ereignis wird von allerlei Naturerscheinungen begleitet: „Als der Erhabene verschied, im selben Augenblick erbebte die Erde mit so schrecklicher Gewalt, dass ein Schauder die Menschen überlief, und vom Himmel krachte der Donner."

Im Angesicht des Todes kommt Buddha noch einmal auf seine Lehre zu sprechen. Zu Ananda, seinem Lieblingsjünger sprach er:

> „Was hat denn, Ananda, die Mönchsgemeinde
> noch von mir zu erwarten?
> Verkündigt ist von mir die Lehre,
> indem ich sie lückenlos und objektiv darstellte;
> von der Lehre hat der Vollendete
> sich nichts für später zurück behalten …
> Deshalb, Ananda, seid eure eigenen Lichter, eure eigene
> Zuflucht; nehmt bei niemand anderem eure Zuflucht!
> … So wird die Lehre sein Licht, seine Zuflucht,
> und er nimmt zu nichts anderem seine Zuflucht."

Als Buddha etwa 80-jährig in der Stadt Kushinagara stirbt, friedlich im Kreis seiner Mönche, waren seine letzten Worte:

> „Wohlan, ihr Mönche,
> jetzt sage ich euch:
> Dem Verfall unterworfen
> sind die zusammengesetzten Dinge;
> Strebet ohne Unterlass!"

3.2 Die Vier edlen Wahrheiten

Im Zentrum der Lehre Buddhas[33] stehen die „Vier edlen Wahrheiten". In den „Vier edlen Wahrheiten" sieht Buddha eine Art „Evangelium" (frohe Botschaft), weil er nämlich einen Weg heraus aus dem Rad der „leid-schaffenden" Wiedergeburten gefunden hat. Wer diesem Weg folgt, muss nicht mehr ständig in ein weiteres Leben zurückkehren.

Ausgangspunkt für die Vier edlen Wahrheiten ist das Erkennen von „dukkha". Neben dem geläufigen Sinn von dukkha (dem Leid unterworfen sein, Elend, Schmerz, Übel etc.) zielt der Begriff dukkha auf die tiefer gehende Vorstellung von Unbeständigkeit, Unvollkommenheit und Nichtigkeit. Dukkha hat daher die verfehlte Haltung des Menschen zum Dasein, sein „Anhaften" an Unbeständiges, sich stets Wandelndes bzw. seine damit verbundenen Erwartungen im Blick. Im Englischen wird dukkha übrigens mit „stress" übersetzt. Dementsprechend steht für Buddha fest, dass jedes Lebewesen dukkha erfahren wird. So empfinden die Eltern bei der Geburt ihres Kindes zwar Freude, aber sie wissen, dass dieses Kind einmal krank werden, verschiedenes Leidvolles erleben wird und irgendwann sterben muss. Altern, Krankheit, Tod, Trauer, Sorge, Trennung – das ganze Leben ist von dukkha, von Unbeständigkeit, Unvollkommenheit und Nichtigkeit geprägt, denn es gibt nichts von Bestand.

In der Predigt von Benares drückt Buddha das so aus: „Dies, Mönche, ist die Edle Wahrheit vom „Leiden": Geburt ist Leiden, Alter ist Leiden, Krankheit ist Leiden, Tod ist Leiden; Trauer, Jammer, Schmerz, Gram und Verzweiflung sind Leiden, mit Unlieben vereint, von Lieben getrennt ist Leiden; Begehrtes ist Leiden."

In der zweiten edlen Wahrheit von der Entstehung des „Leidens" ist der „Lebensdurst" die wichtigste Ursache der Wiedergeburt. Weil – so Buddha – sich jedes Lebewesen an das Dasein und alles was dazugehört klammert, bewirkt dies, dass es nach dem Tod wieder einen neuen Körper annimmt und damit der Kreislauf weitergeht.

Die Erkenntnis, dass dieser „Durst" restlos aufgehoben und vernichtet werden muss, bildet die dritte edle Wahrheit von der Aufhebung des „Leidens". Es geht hier um das „Auslaufen-Lassen" des Lebensdurstes.

Die vierte Wahrheit beschreibt schließlich den Weg, der aus dem Leiden heraus und den Menschen ins Nirvana führt. Dies ist der „Edle acht-gliedrige Pfad": 1. Rechte Erkenntnis – 2. Rechte Gesinnung – 3. Rechte Rede (nicht lügen, andere nicht verleumden) – 4. Rechte Tat – 5. Rechter Lebenswandel – 6. Rechte Anstrengung – 7. Rechte Achtsamkeit – 8. Rechte Sammlung. Wie ein Arzt verschreibt also Buddha – nach genauer Analyse des Problems (1. bis 3. edle Wahrheit) – eine wohlausgewogene Medizin (8-facher Pfad), die sowohl praktische Ethik beinhaltet, als auch analytische Einsicht in die Wirklichkeit des Seins und die Praxis der Meditation.

Die Deutsche Buddhistische Union (DBU) übersetzt die Vier edlen Wahrheiten so:

1. Das Leben im Daseinskreislauf ist letztlich leidvoll.
2. Ursachen des Leidens sind Gier, Hass und Verblendung.
3. Erlöschen die Ursachen, erlischt das Leiden.
4. Zum Erlöschen des Leidens führt der Edle Achtfache Pfad.

Seit frühester Zeit wird in der buddhistischen Tradition dieser Weg als „Mittlerer Pfad" bezeichnet.

Letztes Ziel: Befreiung aus dem Samsara und Erreichen des Nirvana

Letztes Ziel dieses mittleren, achtgliedrigen Pfades ist die Befreiung aus dem „samsara“, aus dem „leid“-vollen und „leid“-schaffenden Rad der Wiedergeburten und das Erreichen des Nirvana. Mit Blick auf das Nirvana hat man jedoch zwei Missverständnisse zu vermeiden, nämlich einerseits die Vorstellung, das Nirvana sei einfach Vernichtung, andererseits die Vorstellung, das Nirvana sei so etwas wie das ewige Leben. Vielmehr ist Nirvana ein nur zu erfahrender Zustand, der nicht in unseren Denk- und Beschreibungskategorien zu erfassen ist. Dementsprechend ist das Nirvana auch nicht etwas, das erst nach dem Tode erfahren werden könnte. Vielmehr wird Nirvana vom Augenblick der Erreichung der Heiligkeit an erfahren. Körper und Psyche des Erlösten können noch weiter bestehen, aber die Befreiung vom Sich-Anklammern an das Dasein ist erreicht, die absolute innere Freiheit. Das Nirvana erscheint somit nur dem Unwissenden als Vernichtung. Für den Wissenden ist es der von der Welt radikal verschiedene Bereich des absoluten Friedens. Dementsprechend sagt eine Stelle im Pali-Kanon:

> „Es gibt, ihr Mönche, einen Bereich, wo weder Festes noch Flüssiges ist, weder Hitze noch Bewegung, weder diese Welt noch jene Welt, weder Sonne noch Mond. Das, ihr Mönche, nenne ich weder ein Kommen noch ein Gehen, noch ein Stillestehen, weder ein Geborenwerden, noch ein Sterben. Es ist ohne jede Grundlage, ohne Entwicklung, ohne Stützpunkt. Das eben ist das Ende des Leidens.“ (Udana 8,3)

3.3 Liebende Güte, Achtsamkeit, rechtes Verhalten und die dreifache Zuflucht

Der Buddhismus in seinen verschiedenen Ausfaltungen erfreut sich im Westen zunehmender Beliebtheit. Das hängt auch mit den damit verbunden spirituellen Praktiken zusammen. Exemplarisch sollen hier die Rezitation der Lehrrede von der liebenden Güte (Metta-Sutta), die Achtsamkeitsmeditation, die fünf elementaren Verpflichtungen und die dreifache Zufluchtsformel kurz vorgestellt werden.

Liebende Güte

Buddhistinnen und Buddhisten versuchen bis heute, sich von der „liebend Güte“ Buddhas prägen zu lassen. Diese liebende Güte, die zu den „Vier Unermesslichen“ gehört (die anderen drei sind: Mitgefühl, Mitfreude und Gleichmut), ist die Ursache für deren oft auffallende Freundlichkeit. Um diese Güte nicht aus dem Blick zu verlieren, wird ein besonderer Text – die Metta-Sutta – täglich in Klöstern und auch von Laien rezitiert[34].

1. So soll der handeln, der das Heil erstrebt,
   nachdem die Stille Stätte er erkannt:
   Er sei energisch, aufrecht, unbeirrt,
   (doch) sanft und ansprechbar, hat Stolz verbannt.
2. Genügsam (sei er), unschwer zu erhalten,
   bescheiden, nicht betriebsam, (ferner) klug,
   er zügelt seine Sinne;
   bei Familien ist er nicht anspruchsvoll,
   hat leicht genug.
3. Nicht gilt sein Trachten einem mindren Ziele,
   das ihm von Weisen trüge Tadel ein:
   Den Wesen allen werde Glück und Frieden,
   sie alle mögen (vollauf) glücklich sein!

4. Was immer existiert an Lebewesen –
ob sie umherziehn mögen oder standfest,
(flach) ausgestreckt sind oder hochgestaltig,
klein oder mittel, schwächlich oder handfest,
5. vor Augen oder aber im Verborgenen
(hier) in der Nähe oder fern daheim,
geboren oder erst noch im Entstehen –:
Die Wesen alle mögen glücklich sein!
6. Er sollte niemals einen andern schmähn
und niemanden, wo immer auch, verachten;
aus Ärger und aus Feindlichkeit soll man
sich gegenseitig nicht nach Unheil trachten.
7. Gleich einer Mutter, die den eignen Sohn
den einzigen, beschützt mit ihrem Leben,
soll gegenüber allen Wesen er
den Geist von Schranken frei zu machen streben.
8. Zur ganzen Welt soll Güte er entfalten
und seinen Geist von Schranken (ganz) befrein,
nach oben, unten und in flacher Richtung,
nicht eingeengt, von Hass und Feindschaft rein.
9. Ob stehend, gehend, sitzend oder liegend:
Wie immer er der Schlaffheit nicht verfällt,
soll diese Geisteshaltung er erzeugen:
Dies nennt man „Brahma-Weilung" in der Welt.
10. Indem er keiner Falschen Ansicht huldigt, …
und wenn Erkenntnis sein, hat er die Gier nach Lüsten
überwunden: ER geht in keinen Mutterschoss mehr ein.

Achtsamkeit

Einen zentralen Stellenwert hat auch die Achtsamkeit[35]. Achtsam sein bedeutet, ganz da zu sein, im Hier und Jetzt, und sich seiner Gedanken, Gefühle und Handlungen voll bewusst zu werden. Ein Weg zu dieser Wahrnehmung des Ganz-Gegenwärtig-Seins ist die Achtsamkeits- bzw. Bewusstseinsmeditation. Dabei gilt es, auf das Atmen zu achten, sowie sich bewusst zu werden, was man tut (z. B. sitzen, hören, tasten usw.). Eine weitere Übungsphase richtet das Augenmerk auf den Menschen und seine Bestandteile, auch die Gefühle sollen beachtet werden. Letztlich soll für Buddhistinnen und Buddhisten Achtsamkeit zu einer Haltung werden, die das ganze Leben prägt.

Ethik – die fünf Silas

Anders als die Mönche sind die Laien nicht verpflichtet, die über 220 Gebote oder Verbote der Mönche zu beachten. Dennoch gibt es für alle jene, die sich als Buddhistinnen und Buddhisten betrachten, fünf elementare ethische Richtlinien. Diese sind „Ausdruck eines weisen und mitfühlenden In-Beziehung-Stehens mit anderen Wesen. In ihrer gesellschaftlichen Dimension ermöglichen sie ein respektvolles und harmonisches Zusammenleben“[36]. Die fünf Silas (Tugenden) begegnen in der Form von Selbstverpflichtungen:

1. Ich verspreche, mich darin zu üben, keine lebenden Wesen zu töten oder zu verletzen!
2. Ich verspreche, mich darin zu üben, mir nicht Gegebenes auch nicht zu nehmen!
3. Ich verspreche, mich darin zu üben, meine Sinne achtsam einzusetzen und mit der Kraft meiner Sexualität verantwortungsbewusst zu handeln!
4. Ich verspreche, mich darin zu üben, meine Worte achtsam zu gebrauchen und auf die Wirkung meiner Rede zu achten!
5. Ich verspreche, mich darin zu üben, meinen bereits getrübten Geist nicht durch berauschende Mittel weiter zu verblenden!

Die dreifache Zuflucht

Nach traditionellem Verständnis aller buddhistischen Überlieferungen und Richtungen wird man ein Buddhist durch die dreifache Zuflucht (tisaraṇaṃ): zu Buddha, zu seiner Lehre und zur Gemeinschaft derer, die Buddhas Lehre verwirklicht und so die Erlösung realisiert haben. Dies geschieht durch die folgende Formel:

> „Ich nehme Zuflucht zum Buddha.
> Ich nehme Zuflucht zum Dhamma/Dharma (zur Lehre).
> Ich nehme Zuflucht zum Saṅgha (zur Gemeinschaft).
>
> Ein zweites Mal nehme ich Zuflucht zum Budhha.
> Ein zweites Mal nehme ich Zuflucht zum Dhamma/Dharma (zur Lehre).
> Ein zweites Mal nehme ich Zuflucht zum Saṅgha (zur Gemeinschaft).
>
> Ein drittes Mal nehme ich Zuflucht zum Budhha.
> Ein drittes Mal nehme ich Zuflucht zum Dhamma/Dharma (zur Lehre).
> Ein drittes Mal nehme ich Zuflucht zum Saṅgha (zur Gemeinschaft)."

Wichtig für Buddhistinnen und Buddhisten ist es, Vertrauen in die Macht bzw. Kraft dieser „drei Juwelen" zu entwickeln und sich ihnen immer mehr von ganzem Herzen zuzuwenden.

3.4 Heilige Schriften

Im Grunde sind heute – neben den jeweils spezifischen Schriften innerhalb der vielfältigen buddhistischen Strömungen – zwei Textsammlungen besonders hervorzuheben[37]: die Geschichten der klassischen *Buddha-Legende* einerseits und der in Ceylon beheimatete *Pali-Kanon* andererseits. Während die Evangelien 40 bis 70 Jahre nach Jesu Wirken geschrieben wurden, sind diese buddhistischen Bücher erst Jahrhunderte nach Gautamas Leben niedergeschrieben worden.

Buddha-Legende

Die Geschichten der klassischen Buddha-Legende sind im Norden Indiens, in Tibet, China und Japan beheimatet. Die alles überragenden Hauptquellen für die Buddha-Biografie sind die Sammlungen des Lalitavistara und des Mahavastu. Beide Sammlungen sind in nach-christlicher Zeit in Sanskrit verfasst. Andere Sanskrit-Texte, zum Beispiel über Lehre und Nirvana, sind fragmentarisch. Darüber hinaus gibt es tibetanische und chinesische Übersetzungen umfangreicher Sammlungen. Einerseits begegnen in den klassischen Buddha-Legenden Texte mit einem recht hohen Alter, andererseits werden Texte aus diesen Sammlungen auch schroff kritisiert und ihnen „überladene Künstlichkeit" und große Übertreibung vorgeworfen.

Pali-Kanon

Bis heute gilt als die wichtigste buddhistische Quelle der in Ceylon beheimatete Pali-Kanon. Die Gründe dafür sind das Alter und die Vollständigkeit. Der Buddhismus kam im 3. Jahrhundert v. Chr. nach Ceylon, und die erste Niederschrift der Lehre erfolgte hier im 1. Jahrhundert vor Christi Geburt (etwa 400 Jahre nach Buddhas Tod). Hauptstücke des Pali-Kanons sind die erste Verkündigung der Lehre und der berühmte Bericht vom Eingehen des Meisters in das Nirvana. Vereinzelt findet sich auch Biografisches.

Der Pali-Kanon besteht aus drei Teilen bzw. drei „Körben“ (Tripitaka), die wiederum aus mehreren Sammlungen (nikaya), Abteilungen (vagga) und Abschnitten (nipata) bestehen[38]. Der erste Korb (Vinaya-Pitaka) ist der „Disziplin-Korb“ mit den Ordensregeln. Er enthält Disziplin- und Beichtformeln bzw. 227 Artikel, die das Ordensleben betreffen. Der zweite Korb ist die Sammlung der Lehrreden (Sutta-Pitaka). Dieser Korb besteht genau genommen aus fünf Sammlungen. In der ersten Sammlung (Digha-Nikaya) findet sich etwa das Lehrstück vom Eingang Buddhas ins Nirvana. Die dritte Sammlung des zweiten Korbes (Samyutta-Nikaya) beinhaltet die „Vier edlen Wahrheiten“. In der fünften Sammlung (Khuddaka-Nikaya) wiederum kann man die „buddhistische Bergpredigt“ (Dhammapada) sowie die Sutta von der liebenden Güte finden. Der dritte Korb, die Sammlung der Abhandlungen über die Lehre (Abhidhamma-Pitaka), enthält Texte, die sich zum Teil mit anderen Schriften des Kanons decken. Der Pali-Kanon – mit seinen vielen Bänden – gilt als die umfangreichste Heilige Schrift unter den Weltreligionen.

3.5 Gautama Buddha und Jesus Christus: Gemeinsamkeiten und Unterschiede

Zwischen Jesus, dem Christus, und Siddharta Gautama, dem Buddha, gibt es – trotz der unterschiedlichen persönlichen wie religiös-philosophischen Profile – viele Gemeinsamkeiten. Die wichtigsten seien hier kurz genannt[39]:

Gemeinsamkeiten

Wanderprediger mit großer Autorität und Jüngerkreis
Gautama und Jesus waren beide Wanderprediger: arm, heimatlos, anspruchslos, die jeweils eine entscheidende

Wende in ihrem Leben erfahren hatten. Beide sammelten bald engste Freunde um sich, einen Jüngerkreis und eine weitere Gefolgschaft. Wie Gautama trat Jesus wesentlich als Lehrer auf. Dabei lag für beide ihre Autorität weniger in der jeweiligen schulmäßigen Ausbildung als in der außerordentlichen Erfahrung einer letzten Wirklichkeit.

Umgangssprache

Wie Gautama verwendete Jesus in seiner Verkündigung nicht eine unverständlich gewordene, lebens-ferne Sakralsprache (Sanskrit, Hebräisch), sondern die damalige Umgangssprache (mittel-indo-arischer Dialekt, aramäische Volkssprache). Beide haben auch weder eine Niederschrift noch eine Kodifikation ihrer Lehre veranlasst.

Dringende und frohe Botschaft

Sowohl Gautama als auch Jesus hatten eine dringende, eine frohe Botschaft („Dharma", „Evangelium") auszurichten, die von den Menschen ein Umdenken und Vertrauen forderte. Beide appellierten dabei an die Vernunft, Einsicht und Erkenntnisfähigkeit des Menschen.

Unerlöstheit der Welt und ihre Wurzeln

Wie Gautama ging Jesus von der Vorläufigkeit und Vergänglichkeit der Welt, der Unbeständigkeit aller Dinge und der Unerlöstheit des Menschen aus: seiner Blindheit und Torheit, seiner Verstricktheit in die Welt und seiner Lieblosigkeit gegenüber den Mitmenschen. Auch Jesus sieht die Wurzel dieser Unerlöstheit in den Begierden und Süchten des Menschen: in seiner Ich-Bezogenheit, Ich-Sucht, Ego-Zentrik.

Praktischer Weg zum Heil

Beide luden Menschen zu einem praktischen Weg ein: Buddha eröffnete den Menschen den edlen achtfachen

Pfad und Jesus ermutigte die Menschen zu einer Praxis der konkreten Nächstenliebe (im Sinne der Bergpredigt).

Die erstaunlichste Parallele

Die erstaunlichste Parallele zwischen Jesus und Gautama ist wohl die, dass sich bei beiden eine besondere „Weisheit" findet.[40] Dabei ist Weisheit mehr als Ethik. Das „Mehr" liegt in einer grundlegenden Art des Sehens und des Seins. Weisheit dreht sich nicht nur um moralisches Verhalten, sondern um die „Mitte", um den Ort, von welchem moralische Wahrnehmung und moralisches Verhalten ausgehen. Jesus und Gautama lehren beide eine Weisheit, die konventionelle Ansichten und Daseinsweisen ihrer Zeit und jeder Zeit unterläuft und in Frage stellt. Sie lehren einen Weg der Wandlung und sind dabei Lehrer des schmalen Weges. Der Weg des „Buddha" verkörpert sich in den vier edlen Wahrheiten des Buddhismus, wobei die vierte Wahrheit auf den „achtfachen Pfad" verweist. Auch Jesus, der „Christus" spricht von „dem Weg". Im Johannesevangelium hören wir ihn sagen: „Ich bin der Weg, die Wahrheit und das Leben". In der Apostelgeschichte wird als der früheste Name der Jesusbewegung „der Weg" genannt. Bemerkenswert ist, was Jesus und Gautama über „den Weg" zu sagen haben. Marcus Borg verweist dabei auf drei „Übereinstimmungen":

- Es geht um eine neue Sichtweise: Sowohl Christus als auch Buddha versuchten, bei ihren Zuhörern eine radikale Verschiebung der Wahrnehmung hervorzurufen – eine neue Sicht des Lebens.
- Beide Wege umfassen einen Wandlungsprozess: Der Weg des Buddha besteht in der Umorientierung vom „Anhaften" bzw. Festhalten zum „Loslassen" dieses Anhaftens. Auch bei Jesus, dem Christus, hören wir von einem Loslassen: Wer sich entäußert, wird erhöht werden, und wer sich erhöht, wird erniedrigt werden;

die Letzten werden die Ersten sein, und die Ersten die Letzten. Wie ein Kind zu werden, bedeutet, die weltliche Wichtigkeit aufzugeben. Der Pfad der Jüngerschaft umfasst letztlich „das Kreuz auf sich zu nehmen", verstanden als ein Symbol für einen inneren Sterbeprozess gegenüber einer alten Seinsweise und für den Eintritt in eine neue (vgl. Taufe).

– Die innere Wandlung hat Konsequenzen: Der Buddha wird oft als „der Mitfühlende" bezeichnet, eine wesentliche Eigenschaft ist daher das Mitgefühl, Mitleid. Christus könnte man als „den Liebenden" bezeichnen. Diese Liebe wendet sich dem Nächsten zu – konkret, heilvoll, aktiv.

Die vielen Gemeinsamkeiten zwischen der „Weisheit" Christi und der „Weisheit" des Buddha werden besonders deutlich, wenn man Worte der beiden zu bestimmten Themen nebeneinander stellt.

Mitgefühl

Auffallende Parallelen zwischen Jesus und Gautama finden sich bei jenen Aussprüchen, die von der Liebe handeln. Beide Lehrer vertreten die „Goldene Regel" und zeichnen sich durch ihren konstruktiven Umgang mit Feinden aus (Liebt eure Feinde bzw. Nichtfeindschaft). Gewisse Ähnlichkeiten zwischen Bergpredigt und Dhammapada sind dabei nicht zu übersehen, z. B. Lk 6,27–30 und Dhammapada 1.5 und 17.3.

Weisheit

Jesus und Gautama sehen auf die Einzelperson und betonen, dass der innere Mensch wesentlicher ist als die äußere Erscheinung. Statt andere zu kritisieren soll sich jeder selbst bzw. das eigene Leben anschauen (vgl. etwa Lk 6,41–42 und Udanavarga 27.1 bzw. Mk 7,15 und Sutta-Nipata 242).

Reichtum und Besitz
Sowohl Gautama als auch Jesus wissen um die verführerische Macht von Reichtum und Besitz. Buddha sprach davon, sich von persönlicher Habe zu lösen, um Nirvana zu erreichen. Für Christus ist der wahre Schatz das Gottesreich, Gottes heilvolle Herrschaft und Gegenwart (vgl. Lk 16,13 und Dhammapada 5,16).

Wort und Weg zur Freiheit
Beide haben eine Botschaft, die den Weg zur Freiheit zeigen – und vor geistiger Knechtschaft bewahren. Jesus verbindet Erfüllung, Sinn, Leben mit einem engen Tor, Gautama mit einem hohen Berg (vgl. Mt 13,44 und Dhammapada 21.1).

Zukunft
Jesus und Gautama lehrten, dass sie sterben, ihre Worte aber bestehen bleiben werden, um ihren Nachfolgern zu helfen (vgl. Mt 24,14 und Digha-Nikaya 16.3.7).

Unterschiede [41]

Nicht zu übersehen sind aber auch die Unterschiede zwischen Jesus und Gautama.

Herkunft
Jesus stammte anders als Gautama nicht aus einer Familie reicher, adeliger Großgrundbesitzer. Er kam aus einer Handwerkerfamilie, die sich kaum jenen Überfluss gestatten konnte, der so manche reiche Söhne – wie Siddharta – zum Lebensüberdruss und dann zur Flucht aus dem Elternhaus trieb.

„Zielgruppe" und Form der Nachfolge
Anders als Gautama wandte sich Jesus nicht primär den von der Zivilisation überstättigten Zeitgenossen zu, sondern mit

besonderer Vorliebe den Kranken, Armen, Mühseligen, Beladenen, Zu-kurz-Gekommenen. Zudem war Jesus auch nicht wie Gautama ein Einsamer unter Einsamen, die um das Eine ringen. Er war vielmehr der Meister in einer Lebensgemeinschaft, die ohne Ordensvorschriften auskam.

Gotteszentriertheit
Was bei Siddharta nicht vorhanden war, ist bei Jesus Mittelpunkt seines Lebens und Wirkens: die lebendige Beziehung zu einem personalen Gott. Diese intensive Beziehung zu Gott – lebendig gehalten im Gebet – prägte und formte ihn, bestimmte sein Reden und Tun.

Hinwendung zur Welt – trotz Leid
Anders als bei Siddharta ist für Jesus die Welt auch nichts „Nichtiges", aus der es sich zurückzuziehen gelte und die im Akt der Versenkung in ihrer Nichtigkeit zu durchschauen wäre. Sie ist vielmehr die gute, wenn auch vom Menschen immer wieder verdorbene und gefährdete Schöpfung. Deshalb bedeutet die Wende in Jesu Leben kein Aufgeben eines falschen Weges und das Suchen der eigenen Erlösung. Er tritt vielmehr aus der Verborgenheit in die Öffentlichkeit. Das spiegelt sich auch im Umgang mit dem Leid wider: Jesus wertete die irdische Wirklichkeit nicht ab und hielt Unzulänglichkeit und Leid dieser endlichen/belasteten Wirklichkeit in Verbindung mit Gott aus. Er verminderte Leid, heilte, wo er konnte, zeichenhaft. Er suchte das Leid nicht (bat am Ölberg leidenschaftlich um Verschonung!), aber stellte sich ihm, wo seine Aufgabe – das Heil! – auf dem Spiel stand. Er hielt selbst in der Todesverzweiflung an der Verbindung mit Gott und der Solidarität mit den Menschen fest.

Verkündigung[42]
In der Predigt Gautamas war ein rationaler und reflektierender Zug nicht zu überhören. Typisch für seine Predigt

waren die eher eintönige Rede und die ständigen Wiederholungen. Sie sind ein Abbild der Welt, wie sie sich den Mönchen zeigt: Es ist die Welt des Entstehens und Vergehens, des ewig neuen Werdens im immer gleichen Kreislauf. Gautamas Heilslehre erscheint somit als unpersönliche Darstellung objektiver Sachverhalte. Wenn ihm ein konkreter Fall empirischen Leidens vorgetragen wurde, dann wandte er den Blick auf das allgemeine Weltleiden, auf das allgemeine Unheil, von dem der vorliegende individuelle Fall nur ein Beispiel ist. Verglichen mit Gautama ist die Rede Jesu nicht reflektiert und rationalistisch, sondern einfach und unmittelbar. Während Gautamas Predigt gewollt eintönig ist, ist die Predigt Jesu bewegt und leidenschaftlich. Jesus verharrt nicht in ruhiger Weltenthobenheit, sondern er leistet leidenschaftliche Arbeit an der Welt und am Verflochtensein der Menschen in der Welt. In deutlichem Unterschied zu Gautama pflegte Jesus daher die individuelle Seelsorge. Er nahm sich der Einzelnen und ihrer ganz persönlichen Sorgen und Nöte an. Für Siddharta aber sind gerade die personale Existenz des Einzelnen an sich, seine Persönlichkeit, das Ich und der individuelle Wille als solche zu überwinden.

Letztes Ziel

Anders als für Gautama ist für Jesus nicht ein Aussteigen aus einem (tragischen) Kreislauf von „leid"-bringenden Wiedergeburten durch eigenes Bemühen das letzte Ziel. Er ist vielmehr von einer heilenden und alles vollendenden Begegnung mit Gott überzeugt, der das einmalige menschliche Leben – auch mit seinen Brüchen – ans Ziel bringt. Jesus kennt dementsprechend kein automatisch wirkendes Gesetz der Vergeltung (Karma).

Zwei Profile
Den entscheidenden Unterschied zwischen Christus und Buddha erahnt man wohl am besten, wenn man die Figur des lächelnden Buddha, sitzend auf einer Lotosblüte, mit dem leidenden Christus, der ans Kreuz genagelt ist, nebeneinander hält. Dementsprechend entdeckt Hans Küng in Buddha und Christus verschiedene Akzentsetzungen, Prioritäten und Stile. Während Buddha für universales Mitleid und friedliches Wohlwollen steht, geht es Christus um universale Liebe und aktive Wohltätigkeit.

Gautama ist gegenüber Jesus ein harmonisch in sich ruhender Erleuchteter und Wegweiser aus mystischem Geist. Er fordert für die Erlösung vom Leiden ein Aufgeben des Lebenswillens. Er ruft zu Inneneinkehr, zu methodischer Meditation in Stufen der Versenkung und so zur Erleuchtung. Er bringt in Gleichmut – ohne persönliche Anteilnahme – jeder fühlenden Kreatur Sympathie, Milde und Freundlichkeit entgegen: ein universales Mitleid und friedvolles Wohlwollen. Im Vergleich dazu ist Jesus ein leidenschaftlich ergriffener Gesandter und Wegweiser aus prophetischem Geist. Sein Tun ist von aktiver Zuwendung geprägt. Statt an ein Aufgeben des Willens appelliert er an den Menschen, sich am heilvollen Willen Gottes zu orientieren. In Jesus wird dieser Wille Gottes begreifbar, sichtbar, erlebbar. Er verkündet – mit Blick auf Gott – eine persönlich Anteil nehmende Liebe, die alle Leidenden, Unterdrückten, Kranken, Schuldiggewordenen und Feinde einschließt.[43]

3.6 Buddhismus und Christentum

Da Christentum und Buddhismus unterschiedlichen religiösen Systemen entstammen, sind sie als Religionen letztlich nicht vergleichbar. Während die christlichen Konfessionen zum nahöstlich-prophetischen „Religionssystem“ gehören, sind die buddhistischen Richtungen Teil der indisch-mystischen Religionen. Dennoch gibt es – so der Dresdner Theologe Albert Franz – eine beide verbindende „Wahrheit“: Das Verbindende ist, dass sich sowohl der Buddhismus wie auch das Christentum praktisch wie theoretisch auf die großen Urfragen der Menschen einlassen: Woher kommen wir, wohin gehen wir? Wer bin ich? Was muss ich tun, dass mein Leben gelingt? Was ist gut, was ist böse? Warum ist überhaupt etwas? Gibt es einen Sinn des Ganzen? Dementsprechend ist die „Begegnung mit der je anderen Antwort ... eine beglückende und bereichernde, aber auch eine herausfordernde Erfahrung“ (Albert Franz).

Hochschätzung durch das 2. Vatikanische Konzil

Im Dokument „Nostra Aetate“ beschäftigen sich die Konzilsväter mit den nicht-christlichen Religionen. Über den Buddhismus und den Umgang mit ihm schreiben sie im zweiten Artikel:

> „Im Zusammenhang mit dem Fortschreiten der Kultur suchen die Religionen mit genaueren Begriffen und in einer mehr durchgebildeten Sprache Antwort auf die gleichen Fragen. ... In den verschiedenen Formen des Buddhismus wird das radikale Ungenügen der veränderlichen Welt anerkannt und ein Weg gelehrt, auf dem die Menschen mit frommem und vertrauendem Sinn entweder den Zustand vollkommener Befreiung zu erreichen oder – sei es durch eigene Bemühung, sei es vermittels höherer Hilfe – zur höchsten Erleuchtung zu gelangen vermögen. So sind auch die übrigen in der ganzen Welt verbreiteten Religionen bemüht, der Unruhe des menschlichen Herzens auf verschiedene Weise zu begegnen, indem sie Wege weisen: Lehren und Lebens-

regeln sowie auch heilige Riten. Die katholische Kirche lehnt nichts von alledem ab, was in diesen Religionen wahr und heilig ist. Mit aufrichtigem Ernst betrachtet sie jene Handlungs- und Lebensweisen, jene Vorschriften und Lehren, die zwar in manchem von dem abweichen, was sie selber für wahr hält und lehrt, doch nicht selten einen Strahl jener Wahrheit erkennen lassen, die alle Menschen erleuchtet."

Buddhistische Sicht auf die anderen Religionen

Die gleiche Offenheit und Wertschätzung findet sich auf Seiten des Buddhismus. Über seinen Umgang mit anderen Religionen ist etwa auf der offiziellen Homepage der Österreichischen Buddhistischen Religionsgesellschaft (ÖBR) folgendes zu lesen[44]:

> „Der Buddhismus betrachtet sich nicht als die einzig wahre Lehre, sondern sieht sich selbst und alle anderen Religionen als gleichberechtigte und gleichwertige Wege, die den Menschen Hilfe aus ihrer spirituellen Not – aber auch ganz pragmatisch, aus ihren täglichen Belastungen – bieten können. … Der Buddhismus versteht sich nicht in Konkurrenz zu den anderen Religionen – er ist ein Angebot an jene Suchenden, die in den anderen Religionen ihren Weg nicht finden. Es geht nicht darum, wer den besseren Weg bietet, sondern es geht für jeden einzelnen darum, den für sich richtigen Weg zu finden."

Österreich war das erste Land in Europa, das den Buddhismus als Religion offiziell anerkannt hat (im Jahr 1983). Die verschiedenen buddhistischen Richtungen sind hier in der Österreichischen Buddhistischen Religionsgesellschaft (ÖBR) organisiert. In Deutschland gibt es die Deutsche Buddhistische Union. In ihrer Satzung findet sich unter dem § 2 „Zweck und Ziele des Vereins“ ebenfalls der Verweis auf den „Dialog mit anderen Religions- und Weltanschauungsgemeinschaften“.

Versuch einer Gegenüberstellung

Um die unterschiedlichen Profile von Christentum und Buddhismus (aus christlicher Perspektive) anschaulich zu machen, sollen nun zum Abschluss – mit Bedacht – die wichtigsten Inhalte gegenübergestellt werden[45]. Bei solch einer Gegenüberstellung bzw. bei solch einem Benennen von Gemeinsamkeiten und Unterschieden hängt es immer davon ab, welche Richtung im Buddhismus man dafür wählt. Hier soll jene Gestalt des Buddhismus herangezogen werden, die zeitlich wie auch theologisch nahe bei der Mönchsbewegung Siddharta Gautama Buddhas liegt (Theravada-Buddhismus). Ein Vergleich beispielsweise mit dem Zen-Buddhismus oder dem Amitabha-Buddhismus würde mitunter etwas anders ausfallen.

Wer um die Unterschiede zwischen den beiden Richtungen weiß, tut sich im praktischen Dialog leichter. Auf keinen Fall ist mit dieser Gegenüberstellung eine Wertung verbunden. Der Dialog zwischen ChristInnen und BuddhistInnen soll vielmehr ein Gespräch zwischen zwei religiösen Wegen mit je eigenem Profil sein, auf der Basis gegenseitiger Respektierung des anderen, auch in seinem Anderssein. Dieser Dialog soll im Geist eines interreligiösen Realismus geführt werden und nicht von falschen Harmonisierungsbedürfnissen bestimmt werden.

	Christentum	Buddhismus
Gott	Im Zentrum des Glaubens; das höchste Wesen, ewig und unerschaffen, Schöpfer, guter Vater …	Gottfreie Lehre
Welt und Universum	Hinter aller Entwicklung bzw. Evolution steht Gott.	Keine Schöpfung eines allmächtigen Gottes, sondern eine Wirkung energetischer Kräfte (Gesetz der Entstehung in Abhängigkeit …)
Mensch	Schöpfung Gottes, von Gott bejaht und gewollt	Wie alle Erscheinungen ein Konglomerat von bedingt entstandenen Wirkungen (Energien)
Persönlichkeitsbild	„Individualität" (Entfaltung des Ich) – Erfahrung und Stärkung des eigenen Ich (Individualismus, Selbstbewusstsein)	„Universalität" (Überwindung des Ich) – Durchschauen der Ich-Vorstellung als Illusion.
Daseinsverständnis	Persönlichkeitsentfaltung; Gestaltung der Welt	Einbettung in das Ganze, Allverbundenheit (Relativierung des eigenen Ich), im Letzten Überwindung der Welt (Sammlung, Ich-Losigkeit …)

Gott-Mensch-Beziehung	Persönliche Begegnung mit Gott	Keine Beziehung zu einer überirdischen Macht. Der Mensch ist in seinem Tun und Lassen auf sich selbst verwiesen.
Ethik	„Du sollst": Orientierung an eigenem Gewissen und Erfahrungen der früheren Generationen	„Erkenne": Orientierung an der eigenen Vernunft und Einsicht
Liebe	Auf den Mitmenschen gerichtete aktive und konkrete Nächstenliebe	Passive und allumfassende Güte zu allen lebenden Wesen.
Grundübel	Lieblosigkeit und „Gottferne"	Gierhaftes Verlangen und Festhalten an Dingen und Zuständen (Ich-Sucht)
Leben nach dem Tod	Auferweckung – Vollendung und Verwandlung	Samsara – Ausstieg aus dem Rad der Wiedergeburten
Heilsziel	Gottesbegegnung: Leben in Fülle bei Gott und mit den Menschen	Nirvana: Unsterblichkeit, Seligkeit, Stille, Friede; Auslöschung des Lebens der Begierden und des Hasses

3.7 Hinduismus – ein kurzer Seitenblick

Die Ursprünge des Buddhismus liegen in Indien. Von hier aus breitete er sich aus und entfaltete sich in verschiedene Länder und Kulturen bzw. Traditionen und Richtungen. In Indien selbst ist der Buddhismus jedoch untergegangen.[46] Grund dafür ist die komplizierte Geschichte mit dem Hinduismus. Das gegenseitige Verhältnis dieser beiden Wege war von Anfang an von wechselseitigen Feindseligkeiten geprägt. So kritisieren etwa die ältesten buddhistischen Schriften die brahmanische Religion, aus der sich der Hinduismus entwickelte.[47] Dementsprechend wurden zentrale Elemente hinduistischer Religiosität in Frage gestellt, wie z. B. die Autorität der alten religiösen Texte, die hinduistischen Gottesvorstellungen, die traditionelle Lehre über die Natur des Selbst oder das Kastensystem. „Zur ‚langen, konfliktreichen und komplizierten Geschichte' von Buddhismus und Hinduismus gehört … aber auch, dass sich die beiden Religionen gegenseitig stark beeinflussten und einander ‚gewisse Wahrheitselemente' zuerkannten"[48]. Sie verzichteten dabei jedoch nicht auf den jeweils eigenen Überlegenheitsanspruch.

Sammelbegriff

Der Begriff Hinduismus könnte den Eindruck erwecken, dass es hier um eine einzelne Religion geht. Tatsächlich umfasst der Begriff Hinduismus mehrere bestimmte Religionen in Indien. Diese Religionen beeinflussen oder überlagern sich zum Teil, weisen zugleich aber auch Unterschiede hinsichtlich ihrer Glaubenslehren (z. B. Ansichten über Leben, Tod und Erlösung), heilige Schriften, Götter oder Rituale auf. So gibt es auch kein gemeinsames, für alle gültiges Glaubensbekenntnis oder eine zentrale Repräsentanz für alle Hindus. Insofern müsste man statt Hinduismus präziser von Hindu-Traditionen sprechen. Heute gibt es zwischen 800 und 900 Millionen „Hindus" weltweit, der Großteil lebt in Indien. Obwohl es so bekannte Hindus wie Sarvepalli Radhakrishnan (er erhielt z. B. 1961 den Friedenspreis des deutschen Buchhandels), Svami Vivekananda (beeindruckendes Auftreten beim Ersten Weltparlament der Religionen 1893 in Chicago) und Mahatma Gandhi

(Vorbild des gewaltlosen Widerstands) gegeben hat, sind Hindu-Traditionen in unseren Breiten weniger präsent.

Allumfassende kosmische Ordnung[49]

Die Hindus selbst nennen ihre Religion meist ewige Ordnung (Sanatana dharma). Mit dieser Ordnung ist eine „allumfassende kosmische Ordnung" gemeint, „die alles Leben bestimmt und an die sich alle halten sollen"[50]. Dementsprechend geht es in den Hindu-Traditionen um ein dieser Ordnung gemäßes Handeln. Jeder Mensch hat somit bestimmte Pflichten zu erfüllen: „gegenüber Familie, Gesellschaft, Gott und den Göttern"[51]. Eines der vier Lebensziele eines Hindus ist folglich das Bemühen um Rechtschaffenheit und Tugend (dharma). Wo Menschen diese Rechtschaffenheit und Tugend aus dem Blick verlieren, hat das gravierende Auswirkungen. Mahatma Gandhi hat in diesem Sinn sieben moderne soziale Sünden der Menschheit formuliert:

Politik – ohne Prinzipien
Geschäft – ohne Moral
Reichtum – ohne Arbeit
Erziehung – ohne Charakter
Wissenschaft – ohne Menschlichkeit
Genuss – ohne Gewissen
Religion – ohne Opfer

Die anderen Lebensziele eines Hindus sind neben dem Bemühen um Rechtschaffenheit und Tugend das Streben nach Nützlichem und der Erwerb von Wohlstand (artha), das Streben nach Angenehmem und Sinnesgenuss (kama) sowie das Streben nach Befreiung und Erlösung aus dem Kreislauf von Geburt, Tod und Reinkarnation (moksha). Wenn Hindus von Erlösung sprechen, so nennen sie meistens drei Heilswege zu diesem Ziel: den Weg des Wissens (Weg für die Elite), den Weg des Tuns (sozialer und ritueller Weg) und den Weg der Gottesliebe (Weg für jeden).

Grundüberzeugungen

In der Ausstellung der Stiftung Weltethos über „Weltreligionen – Weltfrieden – Weltethos" werden die wichtigsten hinduistischen Grundideen folgendermaßen zusammengefasst:

- Die meisten Hindus glauben an einen Gott, ein Absolutes, das sie aber je nach Richtung mit einer ganz bestimmten göttlichen Offenbarungsgestalt verbinden, etwa des Shiva, des Vishnu oder der Shakti.
- Hindus sind davon überzeugt, dass die menschliche Seele ewig ist, dass sie mit dem Urgrund der Welt identisch ist und nach dem Gesetz des Karma mehrere irdische Existenzen durchläuft;
- Karma heißt, dass alle Taten Ursachen aus früheren Leben und Wirkungen auf spätere Existenzen haben.
- Als klassische heilige Schriften der Hindus gelten die vier Veden, äußerst populär ist aber auch die Bhagavad-Gita, ein Buch aus dem Epos Mahabharata.

Trotz des Verbots von Diskriminierung in der indischen Verfassung ist die Zugehörigkeit zu einer der vier Kasten (varnas) für Hindus nach wie vor von sozialer Bedeutung. Mit der Geburt in eine bestimmte Kaste ist nämlich ein genau definierter Platz bzw. sozialer Status in der Gesellschaft verbunden – mit streng festgelegten Rechten, Pflichten und Aufgaben. Dementsprechend hat der bzw. die einzelne danach zu trachten, sich mit der vorgegebenen sozialen Rolle zu identifizieren. Die vier Kasten selbst sind wiederum in „Familiengruppen" untergliedert. Neben den Angehörigen der vier Kasten gibt es die sogenannten

„Dalits", die Kastenlosen. Diese haben die minderwertigen Arbeiten durchzuführen Die indische Regierung versucht dem jedoch entgegenzusteuern und durch speziell geschaffene Stellen im öffentlichen Sektor die Situation von Dalits zu verbessern.

4. Daoismus

„Lao-tse ist der weitaus tiefgründigere Geist als Konfuzius.
Er wird oft mit Rousseau verglichen,
was natürlich eine fragwürdige Methode ist.
Die Bewertung seiner Persönlichkeit schwankt stark.
Für die einen ist er der Philosoph der Sanftmut,
für die anderen der größte Egoist der philosophischen Welt,
für manche ist er der Entdecker Gottes,
für andere ist er der Leugner Gottes.
Seine Philosophie sei anarchistisch und destruktiv.
Dies aber ist nur richtig,
legt man die Maßstäbe der abendländischen Metaphysik an. …
Mit Lao-tse, dem alten Meister,
wird die Geburtsstunde der chinesischen Lebensweisheit
eingeläutet."

(aus: Ralf Ludwig, Sternstunden der Religion, München 2000)

4.1 Die Person Lao-Tse

Was wir – möglicherweise – über Lao-Tse (Lao Zi) wissen[52], stützt sich vor allem auf einen biografischen Eintrag in den „Aufzeichnungen des Chronisten" von Sima Qian. Nach diesem soll Lao-Tse Chronist am Archiv von Zhou gewesen sein, dessen Ziel es war, sich im „Dao" (das Absolute, das Unbedingte, der Urgrund allen Seins) und „De" (das Wirken bzw. die Kraft des Dao) zu vervollkommnen und dementsprechend zurückgezogen und anonym zu leben. Nachdem Lao-Tse gesehen hatte, wie Zhou verfiel, verlies er dieses Land. Beim Übertreten der Grenzen wurde er vom Grenzbeamten Yin Xi gebeten, seine Lehre aufzuschreiben. Und Lao-Tse schrieb ein Buch mit über 5000 Worten, in denen er den Sinn von Dao und De behandelte.

Daraufhin konnte Lao-Tse weiter reisen. Lao-Tse soll durch seine Vervollkommnung im Dao zwischen 160 und 200 Jahre alt geworden sein. Genaueres über den Rest seines Lebens – so der Chronist weiter – sei nicht bekannt. Bei der „Biografie“ des Chronisten von Sima Quian fällt auf, dass sie selbst Schwierigkeiten hat, die Identität von Lao-Tse zu bestimmen. So wird einmal vermutet, dass Lao-Tse mit Konfuzius zusammengetroffen sei. Ein anderes mal wieder fragt der Verfasser des Textes, ob Lao-Tse nicht doch mit einem gewissen Lao Laizi identisch sei. Dann wieder rückt der Oberhofchronist Dan, der Generationen später lebte, in den Blickpunkt des Biografen. In noch älteren Texten, namentlich im Zuozhuan, einer Chronik, die auch das Todesjahr des Konfuzius verzeichnet, gibt es allerdings keinerlei Hinweis auf einen daoistischen Weisen, der als Lao-Tse gedeutet werden könnte. Es muss mithin offen bleiben, ob jemals eine Person mit Beinamen Lao-Tse oder Lao-Dan existiert hat und, wenn ja, wann diese lebte. Die Gestalt, die literarisch ab dem 4. Jahrhundert als „Lao-Dan“ in Erscheinung tritt, dürfte eher eine „Mischung“ aus mehreren – teilweise wohl historischen – Personen sein, auch wenn am Anfang ein zurückgezogener und uns namentlich unbekannter Zeitgenosse von Konfuzius gestanden haben mag.

Seit dem 2. Jahrhundert n. Chr. ranken sich um die geheimnisvolle Gestalt Lao-Tses viele weitere Legenden, die wohl in Anlehnung an die Buddha-Legenden gebildet wurden. So soll ein Lichtstrahl Lao-Tse gezeugt haben. 82 Jahre habe dann dieser Mann im Mutterleib zugebracht, sodass er bei der Geburt bereits ein Greis mit langem, weißem Bart und faltigem Gesicht war. Trotz seines Greis-Seins hat er sich wie ein Kind benommen, wurde aber rasch ein Weiser. Schließlich soll Lao-Tse durch Zauberkünste sein Leben verlängert haben. Nach seinem Tod wurde der „Alte Meister“ als ein Buddha wiedergeboren.

4.2 Die Lehre

Die Lehre des legendären Weisen Lao-Tse findet sich – so die Tradition – im Buch Dao-de-jing („Leitfaden bzw. Weg zum Dao und zum De“). Die Grundgedanken des Dao-de-jing entfalten sich in den Begriffen Dao (das Absolute, das Unbedingte, der Urgrund allen Seins), De (das Wirken bzw. die Kraft des Dao) und Wu-wei (daogemäßes bzw. naturgemäßes Verhalten; „Nicht-Handeln“).

Dao

Der Dao-Gedanke selbst geht nicht auf die ominöse Gestalt des Lao-Tse zurück. Er findet aber im Dao-de-jing eine besonders markante Ausprägung bzw. Akzentuierung. In der klassischen chinesischen Philosophie ist mit Dao noch jenes Prinzip oder jenes innere Gesetz gemeint, dem jedes Lebewesen in seinem Wirken und seinem Wandel folgt (etwa das Dao des Herrschers). Demgegenüber hat das Dao-de-jing das „ewige Dao“ im Blick: den – wie es Schütte schreibt – sinnlich nicht wahrnehmbaren Urgrund allen Seins, die eigenschaftslose Rohform des Alls, welche aller sichtbaren Existenz zugrunde liegt. Diesem Dao entstammt alles Seiende und zu ihm kehrt es wieder zurück.

Dao im Sinne Lao-Tses meint also das Un-Bedingte, Absolute, den Urgrund allen Seins, der ewig, namenlos, schöpferisch, erhaltend, gesetzmäßig, harmonisch ist. Das Höchste, was Menschen über das Dao wissen können, ist dabei die Unmöglichkeit, es zu erkennen oder zu benennen. Dao gilt als das Maß aller Dinge und der Lebenssinn aller Geschöpfe. Die Mittel zur Erlangung des Dao sind unter anderem Meditation, gymnastische Übungen, Askese, Kontrolle des Atems, Alchimie und Liturgie.

De

Das Wirken des Dao in der Welt nennt Lao-Tse „De". De ist die ausstrahlende magische Kraft, die mystische Macht des Dao. Im sozial-ethischen Bereich wird es als sittliche Kraft, als Tugend verstanden. Dieses „De" kann – so das Dao-de-jing – nur im Herzen des Weisen gefunden werden.[53] Ein Mensch, der über De verfügt, leuchtet dem Dao-de-jing zufolge zwar nicht in den Augen seiner Mitmenschen, doch wirkt er auf diese überaus wohltuend. Er fügt niemandem Schaden zu, er übt Güte gegenüber Freunden und Feinden, er verlangt nichts für sich, sondern fördert durch sein Nicht-Tun den segensreichen Lauf aller Dinge. Dem Suchenden ist er ein Vorbild, dem weltlichen Menschen kein Hindernis.

Wu-wei

Der ideale Mensch des Daoismus stört die Natur nicht, er lässt auch nicht zu, dass man die Natur beeinträchtigt, denn er nimmt die berühmte Haltung des „Nicht-Handelns", „Nicht-Eingreifens" (Wu-wei) an. Er wird einfach Gefährte der Natur und strebt nach der Einheit mit ihr. Wu-wei bedeutet somit, sich in das Dao zu versenken, welches zur Einsicht führt, dass jedes Eingreifen in den natürlichen Lauf der Dinge notwendigerweise stört. In daoistischer Lebenskunde schreitet somit der voran, der sich selbst zurücknimmt; wird der erhöht, der dem unscheinbar Wirkenden in der Natur entspricht; ist der stark, der nichts tut.

„trachtet einer
an sich zu reißen das reich
so sag ich: vergebliche mühe!
ein opfergefäß ist das reich
unberührbar

wer es berührt, zerstört es
wer es ergreift, verliert es"

(Dao-de-jing, aus dem Kapitel 29)

Harmonie

Während der Konfuzianismus für die „Außenseite" des chinesischen Lebens durch die Gestaltung der Politik und des Familiensystems sorgt, pflegt der Daoismus die „Innenseite" chinesischen Lebens durch den Hinweis auf den Pfad zur „Harmonie mit der Großen Natur" oder Dao.[54] Im Daoismus, sowohl in seiner philosophischen wie in seiner religiösen Ausprägung, gilt Harmonie als das große Ziel allen Strebens, da das Dao selbst die vollkommene Harmonie ist. Während philosophische Daoisten aber den intellektuellen Zugang zur endgültigen Harmonie vorziehen, wählen die religiösen Daoisten den physischen und spirituellen (geistlichen) Weg. So ist das höchste Ziel des philosophischen Daoismus die Übereinstimmung mit dem Dao. Sie kann nur durch philosophisches Erwachen zur Tugend des Wu-wei (des Nicht-Handelns) erreicht werden. Auf dieser Ebene des Wu-wei folgt jede Handlung dem Weg der Natur. Die religiösen Daoisten hingegen versuchen auf einem anderen Weg den Zustand der Unsterblichkeit zu erreichen. Neben einem mysteriösen Elexier bietet die daoistische Religion dafür verschiedene innere Praktiken zur Verfeinerung des körperlichen Qi (= Energie, Atem, Fluidum) an. Wenn der Körper die Reinheit des ursprünglichen Qi erreicht, dann erwacht im Sinne des religiösen Daoismus der Mensch zum inneren Selbst und wird ein Unsterblicher, er findet ein neues Selbst in der Vereinigung mit dem Dao. Auf diese Weise erlangen die religiösen Daoisten nicht nur Unsterblichkeit, sondern auch die philosophische Erleuchtung des Wu-wei.

Mit dem Harmoniestreben im Konfuzianismus und Daoismus hängt wohl die Abneigung der Chinesinnen und Chinesen gegen jede Art von Einseitigkeit und Extrem eng zusammen. Dem „Entweder-Oder" wird das „Sowohl-als auch" vorgezogen. Man bleibt nicht beim Gegensatz stehen, sondern sucht Entgegengesetztes in seiner gegenseitigen Bedingtheit zu sehen und von einem höheren Blickpunkt aus zu vereinigen. Der Gedanke der Wechselwirkung zweier Prinzipien steht damit in enger Verbindung. So begegnet man dem aktiven und passiven Prinzip als Yang und Yin, als Li und Ki, als Vernunft und Materie in fast allen Schulen.

Der Kontext: Die alt-chinesische Kultur[55]

Hilfreich beim Verstehen des chinesischen Denkens ist die Auseinandersetzung mit der alt-chinesischen Kultur. China bildet – so wie Indien – nach Ausdehnung, Bevölkerungszahl und Eigenart eine Welt für sich, die besser mit Europa als Ganzem als mit einem einzelnen europäischen Land verglichen werden kann. China ist in sich nach Unterschieden des Klimas, der Landschaft und auch der gesprochenen Sprachen ähnlich reichhaltig gegliedert wie Europa. Infolge der weitgehenden geografischen Isolierung – durch Ozeane, Gebirge und Wüste – erreichte es jedoch eine jahrtausendelange Stetigkeit der geistigen und religiösen Überlieferung sowie der sozialen Verhältnisse. Dementsprechend bietet bzw. bot China das Bild einer einheitlichen Kultur.

Sprache und Schrift

Von besonderem Interesse ist für Europäer die chinesische Sprache und Schrift. Das Chinesische steht seiner Struktur nach dem Deutschen und den anderen europäischen Sprachen denkbar fern. Es besteht nämlich großteils aus einsilbigen Wörtern, die ganz unveränderlich sind, also nicht der Beugung (Konjugation und Deklination) unterliegen, keine Vorsilben oder Endungen annehmen usw. Die naturgemäß beschränkte Zahl solcher Silben wird dadurch vervielfacht, dass jede Silbe in verschiedener Weise betont werden kann und damit jedes Mal eine andere Bedeutung hat. Manche Silben können bis zu 50 oder 60 verschiedene Bedeutungen haben. Was jeweils gemeint ist, ergibt sich hauptsächlich aus der Stellung des Wortes im Satzzusammenhang oder durch Hinzufügung näher bestimmender Hilfswörter. Ebenfalls nur aus dem Kontext ist zu ersehen, ob ein bestimmtes Wort als Hauptwort, Eigenschaftswort, Tätigkeitswort oder Umstandswort aufzufassen ist, zum Beispiel, ob die Silbe „ta" „Größe" oder „groß" oder „vergrößern" oder „sehr" bedeutet.

Der Hinweis auf die Sprache bzw. Schrift Chinas lässt bereits erahnen, wie durch die Sprache eines Volkes auch das Denken bestimmt wird. Eine wissenschaftliche Logik wie die in Griechenland und im Abendland hätte sich in China nie entwickeln können. Die „westliche Logik" steht ja in unmittelbarer Verbindung mit der Grammatik der indogermanischen Sprachen und ihren strengen Unterscheidungen von Substantiv, Adjektiv, Verbum usw. sowie von Subjekt, Prädikat und Objekt.

Im Blick: das Leben im Diesseits und seine richtige Gestaltung

Typisch für das chinesische Denken ist dessen Weltlichkeit. Mit dieser Eigenart hängt der Humanismus der chinesischen Philosophie zusammen. Es gibt kein chinesisches System, in dem nicht der Mensch im Mittelpunkt steht. Das gilt in ungefähr gleichem Maße, wenn auch in verschiedener Weise, für die beiden Hauptrichtungen der altchinesischen Philosophie, Konfuzianismus und Daoismus. Das Hauptinteresse bei beiden ist das menschliche Leben und seine richtige Gestaltung; der Unterschied liegt nur darin, dass nach Lao-Tse das vollkommene Leben durch

Einfügung in die Natur und Achtung ihrer Gesetze, nach Konfuzius durch die volle Entfaltung des Menschen selbst zu erreichen ist.

Die Kenntnis der chinesischen Philosophie wie des ganzen chinesischen Kulturkreises erschloss sich erst spät den europäischen Völkern. Ein Philosoph unserer Zeit, Graf Hermann Keyserling, hat einmal geschrieben: „Wie der moderne Westen die bisher höchste Könnenskultur erschaffen hat, so Alt-China die bisher höchste allgemeine Seinskultur ..." .

4.3 Philosophische Grundlagen der chinesischen Religiosität

Die chinesische Religiosität gründet auf einem Weltverständnis, in dem insbesondere die Rückbindung an die „Natur", die Übereinstimmung von Mikrokosmos und Makrokosmos bzw. die beiden Pole Yin und Yang eine entscheidende Rolle spielen. Um die kosmologischen Grundlagen der chinesischen Religiosität besser verstehen zu können, sei zu Beginn auf eine Aussage des Sinologen (Chinawissenschaftlers) Otto Franke aus dem Jahre 1925 verwiesen:

> „Bei keinem anderen Volk der Welt lässt sich ein so starkes Verbundensein mit der Natur, und zwar mit der irdischen sowohl wie mit der des gesamten Kosmos beobachten wie bei den Chinesen. Die Ursachen sind mehrfacher Art. Der offenbar sehr früh einsetzende Ackerbau und die damit verbundene feste Siedlung ... brachten das innige Verhältnis des Chinesen zum Erdboden zustande ... Die Erde war die gütige Mutter, die ihm Nahrung und Kleidung gab ... Dazu kam die Befruchtung und Fruchtförderung durch den

> Himmel, durch die atmosphärischen Kräfte, die Licht und Wärme, Regen und Wind für die Saaten spendeten ... Die Gestirne, die Tag um Tag hernieder sahen auf die irdischen Dinge, mussten der Sitz jener Kräfte sein, und die weise Ordnung, die dort oben jedem seine unverrückbare Stellung gab, jedem seine tägliche, monatliche, jährliche Bahn vorschrieb, war das Vorbild für die Ordnung auf der Erde ... Die Ordnung aber, in der sich das All und jeder Teil darin bewegt, ist das tao [Dao], „der Weg" ... das Weltgesetz; ihm ist alles unterworfen ... das yin und das yang, Sonne, Mond und Gestirne, die Menschheit und ihre Organisation, der Einzelne und sein Lebenslauf. ... Diese kosmische Ordnung, außerhalb der nichts verbleibt, durchdringt das gesamte Empfinden der Chinesen ... und die nämliche Ordnung, die oben am Himmel alle Teile in bestimmtem Verhältnis zueinander hielt, musste auch auf der Erde für deren Bewohner bindend sein."

Einige besonders bedeutsame Fundamente der chinesischen Religiosität sollen nun näher beschrieben werden.[56]

Das Universum: durchwaltet von einer Regelmäßigkeit

Das Universum ist nach dem traditionellen chinesischen Weltverständnis durch eine Regelmäßigkeit gekennzeichnet, die in der westlichen Philosophie „Gesetz" bzw. „Naturgesetz" genannt wird. Dem chinesischen Weltverständnis fehlt jedoch die Annahme, dass hinter dieser Regelmäßigkeit ein göttlicher Gesetzgeber steht. Vor allem drei Arten von Regelmäßigkeiten heben die Chinesen hervor:

1. Zyklische Prozesse: Kreislauf der Tages- und Jahreszeiten

2. Regelmäßige Abfolge von Wachstum und Verfall bzw. Ab- und Zunahme (wie z. B. des Mondes)
3. „Bipolarität" der Natur: Wechselwirkung bzw. Zusammenspiel der beiden schöpferischen Kräfte Yin und Yang.

Die dritte Regelmäßigkeit wurde am spätesten „entdeckt". Mit Hilfe dieser Idee war jedoch eines der fruchtbarsten Prinzipien gefunden, um die endlose Zahl der Erscheinungen des Universums zu verstehen. Demnach sind auch die beiden ersten Prozesse nur Einzelfälle, Wirkweisen des dritten Prinzips. In der Form des Yin und Yang wurde die Bipolarität der Natur das Spezifikum chinesischen Denkens.

Yin und Yang: die beiden schöpferischen Kräfte

Die Vorstellung von Yin und Yang findet man bereits in den ältesten klassischen Schriften, im Shujing (= Buch der Urkunden), Shijing (= Buch der Lieder) und vor allem im Yijing (= Buch der Wandlungen). Alle diese Bücher gehören zu den sogenannten „fünf Klassikern" des Konfuzianismus. Yin und Yang werden allerdings nicht als konstante Größen gedacht, sie sind vielmehr in beständigem Wechsel begriffen. So nimmt in demselben Maße, wie das eine Element zunimmt, das andere ab. Nachdem ein Element seinen Höhepunkt erreicht hat, beginnt das andere zu wachsen, bis es in gleicher Weise seine größte Ausdehnung erlangt. Auf diese Weise herrscht in der Natur beständig Bewegung und Veränderung (Wandlung = Yi). Nachdem das Prinzip der Bipolarität entdeckt worden war – wahrscheinlich schon in der Zeit zwischen 1000 und 500 v. Chr. – waren die Chinesen imstande, eine zusammenhängende Welttheorie (= Kosmologie) zu entwickeln: Danach wirkt die Natur durch die Wechselwirkung bzw. das Zusammenspiel von hell und dunkel, Hitze und Kälte, männlich und weiblich usw. Yin und Yang werden dabei jedoch nicht als absolute und ständige Gegensätze gedacht, sie sind nur bestimmte Phasen im endlosen Fluss der Wandlungen (Yi). In der alten, klassischen Formulierung hatte diese bipolare Kosmologie nichts mit einem Kampf zwischen dem Guten und Bösen in einem religiösen Sinne zu tun.

YIN	YANG
negativ	positiv
passiv	aktiv
weiblich	männlich
empfangend	schöpferisch
dunkel	hell
Nacht	Tag
Kälte	Hitze
Winter	Sommer
...	...

Am Beispiel der Jahreszeiten zeigt sich für die Chinesen das Zusammenspiel von Yin und Yang deutlich: So erreicht z. B. im Sommer die heiße Yang-Kraft die Oberherrschaft, und die kalte Yin-Kraft ist auf ein Minimum reduziert. Im Winter ist es gerade umgekehrt, das kalte Yin-Fluidum in Gestalt von Regen, Nebel, Eis, Schnee erfüllt alles, das warme Yang-Fluidum, der Sonnenschein und die warme Luft, scheint ganz verschwunden zu sein. Im Frühling und im Herbst halten sich die beiden Elemente ziemlich die Waage, daher ist es weder sehr kalt noch sehr warm.

Makro- und Mikrokosmos: eine Einheit

Nach dem traditionellen chinesischen Verständnis bilden Welt und Mensch, Himmel und Erde, Makrokosmos und Mikrokosmos eine harmonische Einheit. Aus dieser Überzeugung ist allmählich ein Entsprechungssystem entstanden. So ist z. B. im Werk Huainanzi zu lesen:

> „Dass der Kopf rund ist, ist ein Abbild des Himmels; dass die Füße rechteckig sind, ist ein Abbild der Erde. Der Himmel hat vier Jahreszeiten, fünf Gangarten (Planeten), neun Abschnitte (acht Himmelsrichtungen und das Zentrum), und so der Mensch vier Gliedmaßen, fünf innere Organe, neun Körperöffnungen … Der Himmel hat Wind, Regen, Kälte und Hitze, und so der Mensch Nehmen und Geben, Freude und Zorn …“.

Die assoziative Einheit von Himmel und Erde, Welt und Mensch, Makrokosmos und Mikrokosmos spiegelt letztlich eine Weltsicht wider, die den Kosmos als „lebenden“ Organismus versteht. Als moderne westliche Menschen müssen wir große Anstrengungen unternehmen, um uns in dieses traditionelle chinesische Weltverständnis hineinzudenken: Wir sind so daran gewöhnt, die physische Welt als etwas außerhalb unseres Selbst, als eine meist widrige Umgebung (Um-Welt) zu sehen, oder als ein rein materielles Objekt, dass wir den chinesischen Sinn für die Ganzheit des Universums kaum erfassen können. Von dieser Ganzheit aber – so das chinesische Verständnis – ist der Mensch ein Teil. Er ist eine Erscheinungsform in der Welt neben vielen anderen, denen er mit Respekt und ohne den Wunsch, sie zu beherrschen, gegenübertritt.

Das skizzierte Weltverständnis gibt der chinesischen Religiosität natürlich auch einen ganz spezifischen Charakter. Da die Prämisse eines „Schöpfergottes“ fehlt, entwickelte sich die typisch westliche Form der Religion nicht. Ebensowenig konnte sich die typisch indische Form der Religion entwickeln. Es fehlte nämlich die Theorie, dass die menschlichen Seelen besondere Formen des universalen Brahman seien. Demgegenüber entwickelte die chinesische Religiosität auf höchster Ebene eine Mystik, die vor allem das Gefühl einer Identifizierung mit dem Dao oder der Natur selbst vermittelte, und nicht mit Gott jenseits oder außerhalb der Natur.

Der Mensch

In den chinesischen Traditionen unterteilt man den Menschen nicht in „Leib" und „Seele". Er stellt vielmehr einen Mikrokosmos dar, bestehend aus dem Xing (= Wesen, Natur) von Himmel und Erde: Von der Erde erhält der Mensch sein Blut, vom Himmel empfängt er seinen Atem (Qi). Auf diese Weise ist er ein Abbild des Makrokosmos. Die chinesische Konzeption des Menschen ist ohne den entscheidenden Einfluss einer bestimmten religiösen Richtung geformt worden. Somit findet man in den chinesischen Traditionen auch keine Idee der Erbsünde, keine angeborene Schlechtigkeit, die einer von außen kommenden Erlösung bedarf. Vielmehr gilt der Mensch – als Sohn oder Tochter des Himmels und der Erde – als die „Verkörperung dessen, was im schöpferischen Prozess des Universums das Feinste und Geläutertste ist". Als Teil der Natur soll der Mensch zum Gefährten der Natur werden, er soll sich nach der Natur richten, in Harmonie mit ihr leben und so die Vereinigung mit dem Dao erlangen.

4.4 Das Dao-de-jing

An dem Tag, als der zweite Weltkrieg in Europa endete (8. Mai 1945), wählte Albert Schweitzer im fernen Afrika eine besondere Abendlektüre: Er las im Buch Dao-de-jing („Leitfaden zum Dao und De“) das Kapitel 31. Hier heißt es unter anderem:

> „ein böses werkzeug sind waffen
> sie sind kein werkzeug des edlen
> gezwungen nur greift er zur waffe
> … siegt er, so freut ihn sein sieg nicht
> wer des sieges sich freut
> ist der mordlust verfallen
> …
> zur trauerfeier rüstet euch
> mit trauer und tränen gedenkt
> der hingemetzelten scharen
> mit trauerfeiern feiert den sieg“

Schon diese eine Stelle gibt eine Ahnung von der geistigen Tiefe des Dao-de-jing. Es ist daher nicht verwunderlich, dass auch in unseren Breiten die chinesische Weisheit immer mehr geschätzt wird.

Einundachtzig Weisheiten und Sprüche[57]

Das Dao-de-jing ist das am häufigsten übersetzte Werk nach der Bibel. Es ist der wichtigste Text des philosophischen Daoismus. Das schmale Bändchen umfasst gerade einmal einundachtzig „Weisheiten und Sprüche“. Diese stammen sehr wahrscheinlich aus früh-daoistischer Zeit (4. Jahrhundert v. Chr., eventuell auch früher) und wurden durch einen Redakteur im 3. vorchristlichen Jahrhundert in seine einheitliche Form gebracht. Da die Schrift aus zwei

Teilen besteht, deren Anfangssprüche sich auf die Begriffe *Dao* und *De* beziehen, bürgerte sich mit der Zeit der Titel Dao-de-jing ein: „Leitfaden zum Dao und De".

Eine Schrift, die fasziniert ...

Das Dao-de-jing spielt in der chinesischen Geistesgeschichte eine zentrale Rolle. Hunderte von Kommentatoren haben sie zu erläutern versucht. Auch im Ausland ist das Dao-de-jing bekannt. Es übertrifft alle anderen chinesischen Texte an Bekanntheit. Allein im Deutschen existieren über 60 Übersetzungen. Für die Faszination, die von diesem Text seit zwei Jahrtausenden ausgeht, ist wohl eine Kombination verschiedener Gründe verantwortlich zu machen:

- seine Kürze
- sein geistreicher, knapp formulierter (aphoristischer) Stil
- seine Dunkelheit, ja Rätselhaftigkeit und
- seine Mehrdeutigkeit.

Der schwer zu deutende Text scheint auch wegen der Schrift und Sprache von Anfang an erhebliche Schwierigkeiten bereitet zu haben: Die chinesische Schrift war zu seiner Entstehungszeit noch nicht standardisiert. So wurden ganz verschiedene Worte aufgrund lautlicher Gleichheit oder Ähnlichkeit oftmals mit ein- und demselben Zeichen geschrieben. Daher ergänzten und veränderten Kopisten und Kommentatoren den Text schon bald, um dunkle Stellen jeweils in ihrem Sinne zu erhellen. Auf diese Weise entstanden mehrere Versionen.

... und zu denken gibt

Zudem fällt auf, dass weder – wie im Altertum üblich – Geschichten erzählt oder Gespräche wiedergegeben noch (zumindest oberflächlich betrachtet) Aussagen gemacht werden, die der Logik zu gehorchen scheinen. Vielmehr besteht das ganze Werk aus meist gereimten, oft gezielt paradoxen Denk- bzw. Sinnsprüchen, die stets nur wenige Zeilen lang sind und zur Meditation anregen wollen. Richard Wilhelm schreibt als Vorwort seiner (nicht ganz überzeugenden) Übersetzung des Dao-de-jing (1911):

> „Kein einziger historischer Name ist in Laotses ganzem Büchlein genannt. Er will gar nicht in der Zeitlichkeit wirken. Darum verschwimmt er für das historisch gerichtete China in nebelhafte Fernen, da ihm niemand zu folgen vermag. Und eben das ist der Grund, warum er in Europa so große Wirkungen ausübt trotz des räumlichen und zeitlichen Abstands, der ihn von uns trennt. Er hat für sich einen Blick getan in die großen Weltzusammenhänge und hat, was er geschaut, mühsam in Worte gebracht, es gleichgesinnten Geistern der späteren Zeit überlassend, selbständig seinen Andeutungen nachzugehen und im Weltzusammenhang selbst die Wahrheiten zu schauen, die er entdeckt. ... Es ist ein Zeichen für die Höhe des Standpunkts von Laotse, dass er sich auf Andeutungen des Unaussprechlichen beschränkt, deren Verfolgung jedem einzelnen überlassen bleiben mag“.

Zielgruppe: Herrscher

Die Kernaussagen des Dao-de-jing müssen vor dem Hintergrund der damaligen chinesischen Welt gesehen werden. „China“ war erst noch im Werden. Seit dem 5. Jahrhundert bis zur Reichseinigung im Jahre 221 v. Chr. kämpften zeitweise über ein Dutzend Königreiche um die Vorherrschaft und erlebten auch im Inneren tiefgreifende Veränderungen. Die alten Werte, auf denen die aristokratische Gesellschaft der vorkonfuzianischen Zeit gründete, galten nicht mehr. In dieser Epoche einer geistigen Revolution – die größte Blütezeit der chinesischen Philosophie – traten politische Ratgeber und Philosophen mit immer neuen Ordnungsentwürfen an die rivalisierenden Könige heran. So ist denn auch das Hauptthema des Dao-de-jing eine Form weiser Herrschaft, die den Menschen endlich wieder Frieden bringen kann. Der Text wendet sich demnach in erster Linie an den Herrscher – vielleicht einen bestimmten – und nicht an jedermann. Der besondere Ansatz des Dao-de-jing liegt darin, dem Herrscher Natur und Kosmos als Richtschnur anzuempfehlen. Im Gegensatz zu den politisch-gesellschaftlichen Verhältnissen seiner Zeit, so erkennt der Autor, regelt sich in der Natur alles von selbst. Urgrund dieses kosmischen Seins, in dem sich die Kräfte und Erscheinungen nicht bekriegen, sondern harmonisch zusammenwirken, ist das der sinnlichen Wahrnehmung entzogene ewige Dao. In der Han-Dynastie wenden sich mehrere Kaiser dem Studium des Dao-de-jing zu, so besonders Han Wen Di (197–157 v. Chr.), dessen friedliche und einfache Regierungsart als direkte Frucht der Lehren des alten Weisen bezeichnet wird. Sein Sohn Han Ging Di (156–140 v. Chr.) legt dem Buch die Bezeichnung „Dao-de-jing" bei, die es seither in China behalten hat.

Die Herrschaft durch das Dao – einige kritische Anmerkungen[58]

Obwohl das Dao-de-jing verbreitet als das Werk eines Philosophen der Mystik angesehen wird, der sich „mehr auf das Abkapseln, auf das ‚sich Zurückziehen', denn auf die Entfaltung seiner Kräfte verstand", gibt es dennoch implizite politische Gedanken in diesem Werk. So ist beim Gelehrten und Journalisten Liang Qichao (1873–1929) – bzw. in dessen Geschichte des politischen Denkens Chinas – zu lesen, dass Lao-Tse kein Interesse an den Problemen der Rechte des Volkes gehabt hätte, weder an den Fragen des Volkes noch an Fragen des Rechts, also weder am Recht noch am Volk, noch etwa an einer Herrschaft seitens des Volkes. Je mehr dem Volk an Wissen und Weisheit zugestanden werden würde, desto schwieriger werde es aus daoistischer Perspektive, das Land zu verwalten. In diesem Sinn macht der deutsche China-Wissenschaftler Konrad Wegmann – als kritischen Beitrag zum Dao-de-jing – auf einen Aspekt tatsächlich ausgeübter Herrschaft über das Volk aufmerksam. Er beschäftigt sich mit der „Administration des Todes". Darüber ist im Kapitel 74 des Dao-de-jing zu lesen:

> „wenn das volk den tod nicht mehr fürchtet
> wie wollt ihr es mit dem tode erschrecken?
> solange es den tod fürchtet
> mögt ihr die störenfriede packen und töten –
> wer hätte noch mut zu verzweifeltem wagnis?"

Wenn das Volk beständig den Tod fürchten soll, dann muss aber immer einer da sein, der das Töten „administriert". Im Kapitel 80 gibt es noch andere nachdenklich stimmende Aussagen:

> „klein sei das land, das volk gering an zahl
> so viele werkzeuge es gibt, gebraucht sie nicht!
> lehrt das volk den tod scheuen
> und weites wandern meiden!
> gibt es auch boote und wagen
> man besteige sie nicht
> gibt es auch harnisch und waffen
> man hole sie nicht hervor
> das schreiben schafft ab
> lehrt die menschen wieder quippu-knoten knüpfen

die speise sei ihnen süß
die kleidung schön
die hütten bequem
die sitten fröhlich
die nachbarstaaten liegen dicht beisammen
man hört die hühner gackern, die hunde bellen
und doch verkehrt man bis zum tode
mit seinen nachbarn nicht"

Lao-Tses „idealer" Stadtstaat war wohl technisch und zivilisatorisch auf der Höhe seiner Zeit. Zwar brauchte das Volk nicht unbedingt lesen und schreiben zu lernen – die „Knotenschnüre" täten es ja auch –, dennoch ist Skepsis angebracht gegenüber einer allzu idyllischen Interpretation. Es bleiben nämlich Fragen offen: Ob das Volk wirklich nicht zu seinen Nachbarn fahren wollte? Ob junge Menschen wirklich freiwillig an einem einzigen Ort alt werden wollten? Warum soll das Schreiben, die Bildung abgeschafft werden, tun es süße Speisen, schöne Kleidung und bequeme Hütten alleine wirklich? Oder geht es hier um eine Ablenkung? Nicht zu vergessen ist der Satz: „lehrt das volk den tod scheuen und weites wandern meiden!"

Zhuangzi: „Das wahre Buch vom südlichen Blütenland"

Viele Denker haben nach Lao-Tse die Gedanken des Daoismus zu formulieren versucht. Einer der bedeutendsten war Zhuang-Zhou, der von ca. 370–300 v. Chr. gelebt hat. Sein Buch knüpft an seinen Namen an und heißt Zhuangzi. Es wird auch als „Das wahre Buch vom südlichen Blütenland" bezeichnet. Zhuang-Zhou erweiterte die Lehre des Lao-Tse und stellt sie auf eine breitere Basis.

Für Zhuang-Zhou ist alles, was über das Dao gesagt werden kann, gerade nicht das Dao. Ohne Anfang und Ende, ohne Begrenzung, ohne gut oder böse zu sein, bleibt es unbestimmbar und unverfügbar. Es ist überall, in jedem Wesen und in jedem Ding. Alle Dinge müssen den ihnen vorgezeichneten Weg gehen. Niemand sollte sie beeinflussen wollen, das würde nur stören und zerstören. Der Weise soll sich demnach weder um die Dinge dieser Welt, noch um persönliche Bindungen, noch um die Tradition kümmern. Aufgabe des Weisen ist es vielmehr, sein Leben so mit dem Rhythmus der Kräfte der Natur in Einklang zu bringen, dass er an ihrer Unsterblichkeit teilhat.

In 33 Kapiteln, von denen jedoch nur die ersten sieben auf Zhuang-Zhou selbst zurückgehen, werden das Wesen des Dao, die Idee des Absoluten, das Verhältnis des Mikrokosmos zum Makrokosmos, Gut und Böse, das absichtslose Handeln (wu-wei) in Gleichnissen und Parabeln dargestellt. Das Zhuangzi wurde neben dem Dao-de-jing zum wichtigsten Werk des Daoismus. Seit dem fünften nachchristlichen Jahrhundert gibt es einen Kanon heiliger Schriften. Sein Begründer Lu Xiu-jing (406–477 n. Chr.) zählt 1.228 Schriften auf, von denen sich aber noch 138 im Himmel befinden sollen. Diese sind für die Menschen unerreichbar. Die heiligen Schriften gelten als Übersetzungen des schon immer vorhandenen göttlichen Wortes. Dieses ist nur wenigen Auserwählten zugänglich.

Daoismus als Religion und Lao-Tse als einer der drei Obergötter

Die Anfänge der daoistischen Religion sind ebenfalls in die ersten nachchristlichen Jahrhunderte zu datieren, als Lao-Tse, der Patron des Daoismus, sowohl in breiten Kreisen des Volkes als auch in hohen gesellschaftlichen Schichten als Gott verehrt wurde. Allerdings war dies auch die Zeit der ersten Einflüsse des Buddhismus in China, und es gibt

Belege dafür, dass Buddhismus und Daoismus damals nicht klar auseinandergehalten wurden.[59] Bereits für das späte 2. und das frühe 3. Jahrhundert unterscheidet man zwei daoistische Sekten, nämlich die Sekte der „Himmelsmeister“ und die Sekte vom „Weg des höchsten Friedens“. Die berühmte Sekte der Himmelsmeister geht auf Zhang Dao-ling (≈ 34 – ≈ 156 n. Chr.) und dessen Enkel Zhang Lu zurück, wobei Zhang Dao-ling auch der erste und bekannteste Himmelsmeister war. Ihm soll im Jahr 142 n. Chr. das personifizierte Dao, der „Allerhöchste Herr Lao“, auf einem Berg in Szechuan (im Westen Chinas) erschienen sein.

Die von Zhang Dao-ling begründete Sekte der Himmelsmeister entwickelte sich zu der wichtigsten daoistischen Tradition, und sogar der heute amtierende Himmelsmeister führt noch seine Herkunft auf Zhang Dao-ling zurück. Die daoistische Gemeinschaft, die sich unter Zhang Dao-lings Enkel Lu zusammenfand, hatte nicht nur religiöses, sondern auch ein politisches und ökonomisches Interesse. Das zeigte sich etwa darin, dass freies Essen für Bedürftige angestrebt wurde oder dass man durch eine Beteiligung an öffentlichen Arbeiten die Wiedergutmachung von Sünden erwirken zu können glaubte. Solche Überzeugungen und Ideale mögen zum großen Erfolg der Sekte beigetragen haben, ebenso wie ihr Aufruf, in einer Zeit des Umbruchs gesittet zu leben.

4.5 Lao-Tse und Jesus: ein Vergleich

Alles, was wir von Jesus und Lao-Tse wissen, verweist auf zwei sehr unterschiedliche Lebenswege.[60] So war Jesus ein leidenschaftlicher Prophet und engagierter Sozialreformer, der einen heldenhaften Versuch wagte, den einzelnen Menschen, die Gesellschaft, vielleicht sogar die ganze Menschheit zu wandeln, und der für diese Bemühungen jung und qualvoll sein Leben ließ. Lao-Tse hingegen lebte sein ganzes Leben von über achtzig Jahren still und unauffällig und kehrte der Gesellschaft schließlich den Rücken, um ein Leben des Friedens und der Kontemplation nahe der Natur zu führen.

Parallelen ...

Obwohl sich diese beiden Leben in ihren Grundzügen unterscheiden, finden sich dennoch einige Parallelen – etwa in bestimmten Aussagen über Materialismus, Bescheidenheit, Liebe oder Weisheit. Das lässt darauf schließen, dass sowohl Lao-Tse als auch Jesus einen Zugang zu einer „letzten Quelle" hatten. Diese Quelle wohnt den beiden zufolge im Menschen und regiert zugleich den Himmel. Diese Überzeugung inspirierte die zwei Wahrheitssucher schließlich zu konkreten Vorstellungen, wie die Menschen ihr Leben führen sollten. Dabei lenken sowohl Lao-Tse als auch Jesus immer wieder den Blick auf den „gesunden Menschenverstand". Immer wieder weisen sie auf ihn hin und fragen: „Wer von euch weiß dies nicht?" Und wenn ihre Hörerinnen und Hörer zugeben: „Wir wissen es wohl alle", dann stellen sie die Frage, warum diese dann nicht danach leben.[61]

... trotz grundlegender Unterschiede

Die Unterschiede zwischen Lao-Tse und Jesus bzw. Daoismus und Christentum sind trotz der zuvor angedeuteten Parallelen nicht zu übersehen. So meint etwa die daoistische Vorstellung des Absoluten (Dao) eine unpersönliche Kraft, welche das Universum beseelt. Jesus und die christliche Tradition denken Gott hingegen in person-analogen Kategorien. Der Daoismus, wenigstens in seiner philosophischen Spielart, richtet seinen Blick ganz auf diese Welt, während im Christentum eine kreativ-kritische Spannung zwischen „Himmel" und „Erde" bestimmend ist. Beide Orientierungen sind hier – auch in ihrer Wechselwirkung – wichtig. Die verschiedenen Profile der beiden können wohl so umschrieben werden:

Lao-Tse: Rückkehr zur Natur und „Nicht-Handeln"

Lao-Tse tritt für ein harmonisches Leben mit der Natur ein. Gegenüber der traditionellen Gegnerschaft von Mensch und Natur sucht man im Daoismus daher die Einheit von Mensch und Natur. Eine solche kann nur in mystischer Versenkung realisiert werden: durch passiv verharrendes Schweigen, das „Nicht-Handeln" oder „Nicht-Eingreifen (Wu-wei). Der ideale Mensch des Daoismus stört die Natur nicht, er lässt auch nicht zu, dass man die Natur beeinträchtigt. Er wird einfach Gefährte der Natur und strebt nach der Einheit mit ihr. Wu-wei bedeutet somit, sich in das Dao zu versenken, welches zur Einsicht führt, dass jedes Eingreifen in den natürlichen Lauf der Dinge notwendigerweise stört. Die Herrschaft des Dao hat für das Volk aber auch negative Konsequenzen (Einschüchterung durch den Tod, Unterdrückung von Bildung …).

Jesus: Rückkehr zu Gott und aktives Handeln

Jesus teilt in seiner Verkündigung keine ewigen Wahrheiten für eine harmonische Einheit mit der Natur mit. Er weist in seinen Worten und Gleichnissen vielmehr auf etwas Dynamisches hin, auf einen Vorgang, der die Situation der Menschen grundlegend verändern kann. Jesus verkündet demnach ein neues *Geschehen*, das er selbst lebt! Er war überzeugt und er merkte es an sich selbst: Wo der Wille Gottes, d. h. die Leidenschaft Gottes für das Leben, die Liebe und die „größere Gerechtigkeit" ankommen und wirken kann, da bricht die Herrschaft Gottes an, wird das eigene Leben – das eigene Sehen, Handeln und Fühlen –

verwandelt. Wer aber Gott, dessen Weite und Tiefe, Liebe und Menschlichkeit auf sich „abfärben" lässt, der handelt (mit der Zeit) anders, dem geht es um ein aktives Gestalten, Handeln, Eingreifen (Reich-Gottes-Praxis). Gott ist der Garant für Menschlichkeit und Entfaltung.

Aussprüche im Vergleich[62]

Sowohl Jesus als auch Lao-Tse waren Kommentatoren ihrer Gesellschaft. Beide gaben politische und soziale Ratschläge – kompromisslos in ihrer spirituellen Ausrichtung, dabei aber tragfähig genug für zukunftsfähige Perspektiven und Orientierungen.

Aufruf zu Einfachheit und Authentizität

Für die Botschaft Jesu und die Botschaft des Lao-Tse ist Einfachheit ein wesentliches Thema. Beide Weise haben den gelehrten Eliten ihrer Zeit stark misstraut – den konfuzianischen Mandarinen bzw. bestimmten religiösen Eliten in „Israel", die jeweils komplexe Institutionen und Bräuche entworfen hatten (vgl. z. B. Mt 5,8: „Selig die im Herzen Reinen, denn sie werden Gott sehen" und Dao-de-jing 19: „Zum Schlichten und Echten zurückkehren").

Materialismus

Lao-Tse und Jesus wandten sich unermüdlich gegen die Gier nach Reichtum und die Besessenheit von materiellen Dingen. Deutlich sahen sie die negative, hemmende Wirkung des Materialismus auf das menschliche Leben und zeichnen ihn als eine Art Krankheit. Materialistische Sorgen gelten ihnen somit als eine geistige Gefahr, weil sie die Vertiefung und Reifung behindern, die zur Pflege eines inneren Lebens notwendig sind. Sowohl Jesus als auch Lao-Tse durchschauten materiellen Reichtum als eine Illusion und kritisieren ihn wortgewaltig. Beide wussten aber auch, worin der wahre Schatz besteht – der Schatz eines guten Herzens (vgl. z. B. Lk 12,25 und Dao-de-jing 46).

Bescheidenheit

Sowohl für Lao-Tse als auch für Jesus ist Bescheidenheit eine Haupttugend. Man könnte sie fast als die Muttertugend bezeichnen, aus der alle anderen hervorgehen. Ein „demütiges Herz", von Falschheit und Selbstsucht gereinigt, kennzeichnet für beide einen edlen Charakter (vgl. z. B. Mt 23,12: „Wer sich selbst erhöht, wird niedrig gemacht, und wer sich selbst niedrig macht, wird erhöht", mit Dao-de-jing 7: „So stellt der Weise sein Selbst zurück und ist den anderen voraus").

Liebe und Vergebung

Jesus und Lao-Tse betrachten Liebe und Vergebung nicht als idealistische Fantasien oder unpraktischen Luxus, sondern als „Hauptwerkzeuge" für die Veränderung der Welt. Dementsprechend heißt es in Dao-de-jing 63 – ähnlich wie in der Bergpredigt bei Mt 5,38: „Vergelte Übelwollen mit Güte".

Heuchelei

Heuchelei hat einen großen Anteil an gesellschaftlichen Missständen. Die Eliten einer Gesellschaft benutzen sie als Instrument, um ihre Vorherrschaft zu festigen und ihre Privilegien zu sichern. Beide Männer verwenden für dieses Phänomen daher ihre schärfste Sprache (vgl. z. B. Mt 23,27–28 und Dao-de-jing 24).

Gegen Gewalt

Die Gewalt – eine tödliche Folge der Heuchelei – wird sowohl von Jesus als auch von Lao-Tse thematisiert.

Weisheit und Lebenssinn

Die Worte Jesu und Lao-Tses haben Kraft. Sie machen Menschen handlungsfähig, befreien sie von lebensfeindlichen Geisteshaltungen. Diese Wege nehmen Feigheit und Angst (vgl. Mt 8, 26) und vermitteln Vertrauen (vgl. Dao-de-jing 23: „Wo das Vertrauen fehlt, spricht der Verdacht"). Beide zeigen jeweils einen Weg, dem man zu folgen vermag und auf dem tiefster Sinn und größter Wert gefunden werden können (vgl. z. B. Mt 11,28–30 und Dao-de-jing 35).

Mystik

Jesus und Lao-Tse waren bemüht, das letzte Wesen der Wirklichkeit zu erfahren, auch wenn dieses für beide verschieden war. Diese letzte Wirklichkeit (für Jesus Gott und seine Herrschaft, für Lao-Tse das Dao) ist das Fundament, auf welchem ihre philosophische und soziale Botschaft ruht. Hauptsächlich ging es in ihrer Lehre darum, die Quelle, von welcher alles Sein ausfließt, zu verstehen und sich mit ihr zu identifizieren und dann das eigene Leben in Einklang mit ihr zu entfalten.

Leiden

Niemand bleibt von Leid unberührt, denn es ist ein Teil der menschlichen Lebensbedingungen. Die Menschen haben jedoch darauf zu achten, anderen selbst keinen Schmerz und kein Leid zuzufügen. Zugleich kann das, was einem im Leben widerfährt, ermutigen, jene Quellen und Kräfte zu entdecken, die Menschen nie für möglich gehalten hätten. Jesus und Lao-Tse sahen dies und weigerten sich (auch) deshalb, das Leiden und den physischen Tod als das letzte Wort über das menschliche Schicksal anzuerkennen.

Zwei Texte, in denen von einem Leidenden die Rede ist, veranschaulichen das besonders eindrucksvoll. Ein später, mit Blick auf die Kreuzigung Jesu bedeutsamer Text aus dem Alten Testament lautet: „Er wurde verachtet und von den Menschen gemieden, ein Mann voller Schmerzen, mit Krankheit vertraut. Aber er hat unsere Krankheit getragen und unsere Schmerzen auf sich geladen. Wir meinten, er sei von Gott geschlagen, von ihm getroffen und gebeugt. Doch er wurde durchbohrt wegen unserer Verbrechen, wegen unserer Sünden zermalmt. (…) Deshalb gebe ich ihm seinen Anteil unter den Großen, (…) weil er sein Leben dem Tod preisgab und sich unter die Verbrecher rechnen ließ. Denn er trug die Sünden von vielen und trat für die Schuldigen ein" (Jes 53,3–12). Und in Dao-de-jing 78 ist zu lesen: „So sagt der Weise: Wer eines Landes Übel auf sich nimmt ist wert, Herr der Altäre zu sein, wer eines Landes Unglück auf sich nimmt, ist wert, Herr der Welt zu sein."

4.6 Exkurs: Ausrichtung an der „Mutter Natur" – kritische Anfragen

Harmonie mit der Natur, Leben in Übereinstimmung mit der Natur – das klingt auf den ersten Blick sehr verlockend, stimmig und nachahmenswert. Es verwundert nicht, dass ZeitgenossInnen in unseren Breiten – oft wohl auch unabhängig von einem explizit daoistischen Hintergrund – ihr Leben bzw. Handeln danach ausrichten (z. B. im Kontext von diversen „Wellness"-Angeboten). In ihrem Buch „Nur Natur? Die Mythen der Alternativmedizin. Eine Streitschrift" stellt Rosalind Coward die Behauptung auf, dass dabei jedoch allzu schnell Natur (und der Körper) mit neuen Mythologien umgeben werden. Unter Mythologie bzw. Mythologisierung versteht sie eine einseitig-optimistische Sichtweise von Natur, Gesundheit und Körper. Dementsprechend wird in der Gesundheitsbewegung „Natur" fast automatisch als „gut und heilsam" angesehen. Nicht immer wurde aber Natur so positiv und als etwas uneingeschränkt Gutes konnotiert. So waren zu verschiedenen Zeiten die westlichen Gesellschaften bemüht, die „wilde“ Natur in den Griff zu bekommen und sich vor ihren Übergriffen zu schützen (etwa durch die Entwicklung der Technik). Diese nur kurzen Andeutungen zeigen, wie wandelbar unsere Vorstellungen von Natur sind. Es bleibt daher die Frage, ob die jeweils gängigen Vorstellungen von Natur nicht vielfach mit unseren eigenen (negativen) Erfahrungen von Welt und Gesellschaft zusammenhängen. Spiegeln sich im aktuellen Naturverständnis nicht unerfüllte Sehnsüchte und Hoffnungen (z. B. nach Harmonie, Heilung und Ganzsein) wider? Noch etwas fällt auf: Bei genauer Betrachtung zeigt sich, dass die Natur als letzte Bezugsgröße gar nicht so harmlos harmonisch ist, wie gerne angenommen wird.

Drei Gründe

Im Folgenden sollen drei „theologische“ Gründe angegeben werden, die die Unterschiede zwischen einer „Absolutsetzung“ der Natur als maßgebender Instanz und der Nachahmung Gottes – und der damit verbundenen Relativierung der Natur als Letztinstanz – zeigen.

Vergöttlichung der Natur – fatale Folgen

Der emeritierte Salzburger Dogmatiker Gottfried Bachl betont in seinem Buch „Gottesbeschreibung“[63] die weitreichenden Folgen, wenn die Natur „vergöttlicht“ wird. Die Erfahrungen in Europa haben nämlich gezeigt, dass die Nachahmung der Natur leicht umkippen kann in eine fatale Praxis, in der das ausschließliche Recht des Stärkeren im Blick steht und auch der Krieg legitimiert wird. Es ist daher kein Zufall, dass Jesus genau an diesem Punkt den anderen Imperativ ausspricht: Ahme Gott nach (besonders im Umgang mit dem Schwachen und mit dem Feind)! Diese Berufung zur Nachahmung Gottes bedeutet in christlicher Erfahrung, dass der Mensch fähig ist, das Gesetz des

Naturprozesses zu transzendieren. Er kann diesen zwar nicht verlassen, weil er ihm entstammt, aber er kann ihn auf einen Mehrwert beziehen und öffnen. Das „Mehr", das so entsteht, ist der menschliche Mensch, der das Schwache, Kranke und Leidende bestehen lässt, ja mehr noch, zum eigenen Auftrag nimmt und hier auf Augenhöhe mit Achtung und Respekt agiert. Die Weisung dafür kann jedoch nicht mehr der Natur selbst entnommen, sondern nur am Verhalten Gottes gelernt werden.

Kosmos: Schweigende Gleichgültigkeit und kalte Gewalt

Der zweite Grund für den Widerspruch gegen die Nachahmung der Natur liegt in der Kosmos-Erfahrung. Gottfried Bachl schreibt hier: „Wer über den Rand des warmen Erdennestes herausguckt, hat auf einmal vor Augen, was ihn zwar mit dem Glanz der Präzision und Schönheit verzaubert, aber auch mit dem Schrecken schweigender Gleichgültigkeit und kalter Gewalt erfüllt. Davor und darin bin ich niemand, wenn es nicht eine Macht gibt, die mich in diesem fließenden System der Gestirne zu einem Jemand macht. Der Kosmos ist nicht die Heimat des Menschen."

Einheit mit der Natur – letztes Ziel: verschluckt werden

Aus einem dritten Grund ist – von Seiten des Christentums – die Vergöttlichung der Natur problematisch: Wer sich ganz an der Natur orientiert, sich mit ihr identifiziert, hat als letztes Ziel eigentlich die Einheit mit der Natur. Das große Finale ist hier das Rückgeschluckt werden in eine größere Einheit hinein – und die Aufhebung der eigenen Identität und Geschichte. Es erwartet einen eine „Zukunft, nicht die deine, sondern eine Zukunft, die dich mit allen anderen besonderen Wesen wieder zusammennimmt in das namenlose Sein." Ganz anders ist hier die christliche Hoffnung. Vollendung bedeutet in christlicher Perspektive, dass durch die letzte Begegnung mit Gott die eigene Identität, die eigene Geschichte ganz gemacht, geheilt, verwandelt und vervollkommnet wird.

4.7 Christlicher Glaube im Dialog mit daoistischer Spiritualität

Die Föderation der Asiatischen Bischofskonferenzen bemüht sich seit Jahren, in offener und konstruktiver Weise mit den reichen religiösen Traditionen Asiens im Dialog zu bleiben. So gibt es eine Reihe von Konferenzen zur Begegnung mit den Religionen Asiens. Eine davon hatte die „Theologie der Harmonie" zum Hauptthema. Dabei befassten sich daoistische, konfuzianische und christliche TeilnehmerInnen aus zehn asiatischen Ländern mit jenen Elementen des Konfuzianismus, Daoismus und Christentums, die zu einem tieferen Verständnis der kosmischen, inter- und intra-personalen Harmonie führen. Hauptverantwortlich für diese Konferenz war der Jesuit P. Luis Gutheinz. Der gebürtige Tiroler ist seit 1961 in Taiwan und seit 1974 Professor an der Katholischen Universität Fu jen, Taipei. Pater Gutheinz ist auch aktiv in der Arbeit mit Leprakranken engagiert. In einem Beitrag in „Religionen unterwegs" (Nr. 3 – September 1997) stellt er die wichtigsten Ergebnisse dieser Konferenz zu einer „Theologie der Harmonie" vor und benennt die Herausforderungen an das Christentum[64].

Herausforderungen an das Christentum

Durch ihr Verweilen im Schweigen tragen Daoisten zur sozialen Harmonie bei. Sie sind der Meinung, dass sich beispielsweise Konfuzianer zu sehr plagen, Menschen zu führen und anzuweisen. Dadurch würde die menschliche

Gesellschaft aber nur noch chaotischer werden. Die Menschen sollten daher die Menschen, so wie sie sind, lassen, ebenso die Natur, wie sie ist. Anstatt die Welt zu manipulieren und auszubeuten, sollten die Menschen in daoistischer Sichtweise ihren natürlichen Rhythmus respektieren und ihm zu folgen versuchen. Ein Dialog mit der daoistischen Spiritualität könnte Männer und Frauen im Westen daher zu einem größeren Respekt vor der Natur und zur Harmonie mit ihr anspornen. Dieser Respekt und diese Harmonie könnten in einer zurückgenommenen Herrschsucht über die Natur deutlich sichtbar werden und zum Akzeptieren eines einfacheren Lebensstils führen. Ein weiterer Gedanke: Die Idee des Dao als wu (Unsichtbares, Unfassbares, Unbegreifbares) könnte für ChristInnen Anlass zur Erforschung und Wiederentdeckung der tief im Christentum verwurzelten mystischen Tradition sein und zu einem größeren Respekt vor dem unfassbaren, unbeschreiblichen Gott führen.

Die Idee der Harmonie auch im Christentum?

Die Idee der Harmonie ist ebenso eines der großen Themen des Christentums – auch wenn dieser Begriff nicht explizit in der Bibel vorkommt. Das Christentum lehrt eine dreifache Harmonie: Harmonie mit Gott, Harmonie zwischen den Menschen und Harmonie mit dem ganzen Universum.

Harmonie mit Gott

Die Beziehung zu einem persönlichen Gott ist für Christinnen und Christen die Quelle aller Harmonie. Die Bibel weiß von wunderschönen Erfahrungen, wie etwa vom Ruhe finden in Gott oder vom inneren und äußeren Frieden, den Gott schenkt (vgl. Ps 62). Zugleich verschweigt sie nicht, dass es neben der Harmonie mit Gott auch den Konflikt mit

Gott, das Ringen mit Gott, das Missverstehen gibt. Beide Dimensionen sind wichtig, beide haben ihre Berechtigung – und ihren Sinn. Zu einer lebendigen Beziehung gehört eben auch das Sperrige, Widerständige, Disharmonische und der entsprechende Umgang damit. Wer nur Harmonie im Blick hat, ist mit dem Disharmonischen leicht überfordert. Insofern begegnet in der Bibel eine Einweisung in das Leben mit seinen schönen, aber auch schwierigen Seiten. Zudem ist im Christentum das Handeln, die Hinwendung zur Welt und ihre verantwortungsvolle Gestaltung Konsequenz aus der Beziehung zu Gott. Am Beispiel Jesu sehen ChristInnen zugleich, dass die Gestaltung dieser Welt, die Verwandlung der unmenschlichen Verhältnisse, des eigenen Egoismus, der Machtverliebtheit, des gegenseitigen Hasses nicht folgenlos bleiben wird. Dabei ist selbstverständlich mit Widrigkeiten, mit Disharmonischem, ja mit Widerstand zu rechnen.

Harmonie zwischen den Menschen

Ein besonderes Zeichen war für Jesus das gemeinsame Mahl. Immer wieder lag er mit Menschen zu Tisch, feierte mit ihnen. Dabei wurde etwas von der „Harmonie des Gottesreiches" erfahrbar, von einem neuen Miteinander. Hier erlebten Menschen Gemeinschaft, die niemanden ausschließt, Freude aneinander, Lebensgenuss, Versöhnung, ein gelungenes Miteinander trotz verschiedener Herkunft, Überzeugungen und Lebensentwürfe. Zugleich aber scheute Jesus nicht den Konflikt. Deutlich zeigt das seine symbolische Tempelreinigung (Mk 11,15–19 par). Indem Jesus den Tempel kritisiert und darin „wütet", mahnt er: Wo an die Stelle Gottes verzerrte Gottes-Bilder oder falsche Heiligtümer die eigene Mitte besetzen, gehören diese entrümpelt und die Mitte wieder für Gott frei gemacht. Denn nur wenn Gott selbst die Mitte besetzt, geht es menschlich zu. Wie unfrei „falsche Heiligtümer" machen, zeigen die modernen „Götzen". Geld, Lust, Leistung, Erfolg, Wirtschaftlichkeit, Gesundheit sind eigentlich nichts Schlechtes – Probleme entstehen erst, wenn diese „Teilwerte" absolut gesetzt werden. Wenn sich alles um diese „Götzen" drehen muss, verkümmern der Einzelne und die Gesellschaft. Deshalb braucht es auch ein „Nein" und „Disharmonie".

Harmonie mit der Natur

Zusätzlich zur biblischen Lehre vom Bund zwischen Gott und den Menschen betont Paulus die Harmonie mit der ganzen übrigen Schöpfung. Nicht nur die Menschen, sondern alles Geschaffene soll erlöst werden. Unglücklicherweise haben die ChristInnen diese kosmische Dimension vielfach übersehen. Die Schöpfung ist biblisch betrachtet aber eine „Werde-Wirklichkeit" und Gestaltungsaufgabe. Gegen alle Illusionen rasch herbeiführbarer Idealverhältnisse schreibt Paulus im Römerbrief (8,22), dass die Schöpfung in schmerzhaften Geburtswehen liegt und noch nicht vollkommen ausgereift ist. Es geht daher nicht leicht und nicht schnell, nicht ohne Fehler, Rückschläge und Krisen, das Leben und die Welt menschenwürdig zu gestalten. Anders als bei Lao-Tse wird Natur demnach nicht nur als harmonisch gesehen. Es gibt in ihr – weil sie noch „in schmerzhaften Geburtswehen" ist – Disharmonisches, Unausgereiftes, Sperriges, Bedrohliches. Sich alleine an der Natur zu orientieren, wäre daher aus christlicher Sicht fatal.

Harmonie und Disharmonie – beide Dimensionen des Lebens zeigen sich im Besonderen in Jesus von Nazaret. Gottfried Bachl schreibt in seinem Buch „Der schwierige Jesus": „Dass Jesus keine mundige Gestalt ist, die ganz und gar der Harmonie zugehört und überall Zustimmung auslöst, zeigen alle Erfahrungen, die bisher in der menschlichen Geschichte mit ihm gemacht wurden. ... Stoß und Abstoß gehen von ihm aus, Heftigkeit, Streit, Unterscheidung, Verweigerung der Anpassung und Widerstand“[65]. Wer sich auf die Spuren des Jesus von Nazaret begibt, lernt daher, mit beiden Lebensdimensionen umzugehen.

5. Christentum

„Wir stehen in Jesus einer Gestalt gegenüber,
die geschichtlich gesehen einzigartig und neu ist,
die sich nicht so leicht in eine vorgegebene Typologie
einordnen lässt.
Es ist die Gestalt einer starken,
aber auch offenen Persönlichkeit,
umgänglich und präzise, bescheiden und
mit unerhörten Ansprüchen,
unbedeutend nach dem menschlichen Maßstab
von Geschichte und Politik
und zugleich fähig, den Herrschenden Angst einzujagen.
Es ist die Gestalt eines Menschen,
der wie ein Meteor vorüber gezogen ist
(im Höchstfall zwei oder drei Jahre öffentlicher Tätigkeit,
also kaum die Zeit, bekannt zu werden)
und dessen Wirksamkeit ein katastrophales Ende gefunden hat:
ausgeschieden und verlassen von allen, die Macht besaßen,
an den Rand gedrängt und vernichtet wie ein Wesen,
das der Menschheit zum Schaden gereicht."
(Carlo M. Martini, Die Gestalt Jesu. Mein Reisebericht)

5.1 Die Person Jesus

Es gibt sowohl im Neuen Testament wie auch in nichtchristlichen Quellen historisch wertvolle Hinweise zur Person Jesu. Nach dem heutigen Wissensstand darf angenommen werden, dass Jesus im Jahr 6 oder 4 v. Chr. geboren wurde, am ehesten wohl in Nazaret.[66] Zu seinen Lebzeiten wurde Jesus nicht mit dem uns geläufigen – latinisierten – Namen gerufen, sondern mit dem hebräischen Namen Jeschua, der soviel wie „Gott rettet" bzw. „Gott hilft" bedeutet. Jesus wuchs in Galiläa auf, in dem kleinen Dorf Nazaret. Weil Nazaret so unbedeutend war, wird es in antiken Quellen nirgendwo erwähnt. Das Neue Testament kennt auch die Namen der Eltern: Josef und Mirjam (Maria). Die Evangelisten Markus (Mk 3,31–35) und Matthäus (Mt 13,54–58) wissen auch von Schwestern Jesu und nennen die Namen seiner Brüder[67]: Jakobus, Joses (Josef), Simon und Judas (nicht zu verwechseln mit dem Apostel Judas Iskariot, der Jesus verraten hat). Der „Herrenbruder" Jakobus übernahm später die Leitung der Jerusalemer Urgemeinde und von Judas und seiner Familie berichtet in der zweiten Hälfte des 2. Jahrhunderts der Kirchenschriftsteller Hegesippus:

„Noch lebten aus der Verwandtschaft des Herrn die Enkel des Judas, der ein leiblicher Bruder des Herrn gewesen sein soll. Diese wurden als Nachkommen Davids gerichtlich angezeigt. Ein Evokatus führte sie vor Kaiser Domitian. Denn gleich Herodes fürchtete sich dieser vor der Ankunft Christi. Domitian fragte jene, ob sie von David abstammen. Sie bestätigten es. Sodann fragte er sie nach dem Umfange ihrer Besitzungen und nach der Größe ihres Vermögens. Sie antworteten, sie besäßen beide zusammen nur 9000 Denare, und davon gehöre jedem die Hälfte. Aber auch dieses Vermögen bestünde – so fügten sie bei – nicht in Geld, sondern im Werte eines Feldes von nur 39 Morgen, die sie mit eigener Hand bewirtschafteten, um davon die Steuern zu zahlen und ihren Lebensbedarf zu decken. Hierauf zeigten sie ihm ihre Hände und bewiesen durch die Härte ihres Körpers und durch die Schwielen, welche sich infolge ihrer angestrengten Arbeit an ihren Händen gebildet hatten, dass sie Handarbeiter waren. Als man sie über Christus und über die Art, den Ort und die Zeit seines Reiches fragte, antworteten sie, dasselbe sei nicht von dieser Welt und Erde, es sei vielmehr ein Reich des Himmels und der Engel, das erst am Ende der Welt kommen werde, wenn Christus in Herrlichkeit erscheinen wird, um die Lebenden und die Toten zu richten und jedem nach seiner Lebensweise zu vergelten. Daraufhin verurteilte sie Domitian nicht, sondern verachtete sie als gemeine Leute. Er setzte sie in Freiheit und befahl, die Verfolgung der Kirche einzustellen. Sie aber erhielten nach der Freilassung, da sie Bekenner und Verwandte des Herrn waren, führende Stellungen in der Kirche. Nachdem Frieden geworden war, lebten sie noch bis Trajan." (Dieser Text wurde von Eusebius von Cäsarea – dem „Vater der Kirchengeschichte" – im 4. Jahrhundert zitiert.)

Da Jesus aus einer Handwerker- und Bauernfamilie stammte, übte er selbst wohl bis knapp vor seinem Auftreten den Beruf eines Bauhandwerkers (griechisch tekton) aus, genauso wie Josef, das Familienoberhaupt. Später jedoch dürfte Jesus eine zeitlang ein Jünger Johannes des Täufers gewesen sein, bevor er selber an die Öffentlichkeit trat.

Keine Familien-Idylle[68]

Anders als im öffentlichen Bewusstsein verankert, wuchs Jesus nicht in einer „harmonischen Ein-Kind-Familie" auf, sondern wie damals üblich in einer Großfamilie. Dabei sind spätere Spannungen zwischen ihm und seiner Familie nicht zu übersehen. Es fehlte in der Familie jegliches Verständnis für sein Wirken. Dementsprechend wollte sie „das verrückt gewordene Familienmitglied" auch mit Gewalt zurückholen (Mk 3,21). Aber auch Jesus empfand seine Angehörigen letztlich als Fremde, in deren Gemeinschaft er sich nicht aufgehoben wusste – ganz im Gegensatz zur Gemeinschaft derer, die sich zu ihm gesetzt hatten und zu denen er offen von dem reden konnte, was ihn bewegte (vgl. Mk 3,31–35). Die kritische Einstellung der Familie kommt auch in Joh 7,5 zur Sprache. Hier heißt es: „Denn seine Brüder glaubten nicht an ihn". Jesu eigene Familie war somit kein geeigneter Ort, an dem er seine religiöse Überzeugung leben konnte. Daher war der Auszug aus der Familie wohl unumgänglich.[69]

Kurze Wirkzeit – früher Tod

Zwischen 26 und 29. n. Chr. begann Jesus in der Öffentlichkeit zu wirken. Er sammelte Männer und Frauen um sich und zog – heilend und predigend – vor allem im Gebiet um den See Gennesaret umher. Auch Kinder gehörten zu seiner Gefolgschaft. Von besonderer Bedeutung waren die „Zwölf Apostel". Ihre Namen sind bis heute bekannt (Mt 10,1–4 par). Das Wirken Jesu dauerte nicht lange. Er wurde – wahrscheinlich im Jahre 30 – zum Tod verurteilt und starb vor den Mauern Jerusalems als Schwerverbrecher am Kreuz. Als möglicher Todestag Jesu gilt Freitag, der 14. Nisan des Jahres 30 (~ 7. April 30).

5.2 Das Reich Gottes

Mit den biografischen Eckdaten sind das „Geheimnis" und die volle Bedeutung des Nazareners noch nicht angesprochen. Vor und nach Jesus gab es ebenso Männer, die aus ihrem bisherigen Leben aufbrachen, Anhänger um sich sammelten, lehrten, heilten und für ihre Überzeugung starben. Das, was Jesus einzigartig macht, ist seine Grundüberzeugung und sein Lebensprogramm, dass Gott und seine Herrschaft im Kommen sind – ja, die Herrschaft Gottes beginnt bereits jetzt, in den Taten und Worten des Jesus von Nazaret.

Eine damals weit verbreitete Hoffnung

Um die besondere Botschaft Jesu vom Reich bzw. der Herrschaft Gottes zu verstehen, hilft der Vergleich mit den damals verbreiteten religiösen Erwartungen vom Kommen Gottes. Diese Erwartungen waren vor allem apokalyptisch geprägt: Den Apokalyptikern galt diese Welt mit ihrer Geschichte, ihren Strukturen, der Politik und den Menschen als unheilbar verdorben und schlecht. Heil ist in und für diese Welt daher nicht mehr möglich. Man erwartete dementsprechend ein gewaltvolles Eingreifen Gottes, ein gewaltiges Kommen seines Reiches, das dem Bestehenden ein Ende bereitet. Erst in einer radikal neu geschaffenen Geschichte – so die Apokalyptiker – kann Gott in Israel, bei den anderen Völkern der Erde und bei den Mächten im Himmel als einziger Herr und König anerkannt werden. Diese apokalyptische, im alttestamentlichen Danielbuch Grund gelegte Endzeithoffnung bildete den Horizont aller jüdischen Reich-Gottes-Erwartungen zur Zeit Jesu, wobei es eine ganze Reihe von verschiedenen Trägern und damit auch unterschiedliche Akzentsetzungen gab.

Verschiedene Strömungen: Zeloten, Essener, Pharisäer

In prägnanter Form skizzieren die Theologen Jürgen Werbick[70] und Medard Kehl[71] die verschiedenen Strömungen und lassen auf diese Weise das Besondere an Jesu Reich-Gottes-Botschaft hervortreten. So drängten etwa die Zeloten (= Eiferer; linker Flügel der Pharisäer) mit ihrem Kampf gegen die Römer Jahwe zum Eingreifen (wie einst die Makkabäer). Einen anderen Weg, das Kommen der Gottesherrschaft herbeizuführen, gingen Gruppen, die sich z. B. wie die von Qumran in die Wüste zurückzogen. Bei ihnen herrschte die Überzeugung, dass in der Gemeinde dieser sich absondernden Frommen das endzeitliche Heil der Gottesherrschaft schon gegenwärtig sei. Bei den Pharisäern wiederum kam es zu einer eigenartigen Verbindung verschiedener Hoffnungsströme. Einerseits erwarteten sie den Davidssohn als politisch-religiösen Messias Israels. Andererseits jedoch konzentrierte sich diese Hoffnung rigoros auf den Gesetzesgehorsam. In der exakten Erfüllung der Tora, so wie sie von ihren Schriftgelehrten ausgelegt wurde, lag für sie das entscheidende Vorzeichen und die allein sinnvolle Wegbereitung für das baldige Kommen der Gottesherrschaft. Je besser die Tora erfüllt wird, umso gewisser und schneller komme demnach die Gottesherrschaft. Allen genannten Bewegungen ist die Überzeugung gemeinsam: Jahwe allein soll König sein, sein Wille soll geschehen. Gegenüber all diesen Erwartungen und „Strategien", die Herrschaft Gottes in Gang zu bringen, zeigen uns die Evangelien ein anderes – leises – Kommen Gottes, das von den Menschen auch übersehen werden kann (lukanische Kindheitsgeschichte, johanneischer Prolog). Dieses Kommen hat nichts mit „Untergang" zu tun, sondern mit Freude und mit Feiern (Mk 2,19 bzw. Mt 11,16–19). Vor allem ist das Kommen dieses Reiches bzw. das Kommen Gottes mit einem Menschen und dessen Taten und Worten verbunden: Jesus von Nazaret.

Die Täuferbewegung – und der Unterschied zu Jesus

Wie anders die Botschaft Jesu vom Kommen Gottes war, zeigt ein Vergleich mit der Botschaft und dem Wirken Johannes des Täufers. Wiederum haben Jürgen Werbick und Medard Kehl die Unterschiede in komprimierter Form und sehr übersichtlich zusammengestellt. Der Täufer sah demnach seine Sendung darin, das nahe Zorngericht Gottes anzukündigen („Schon ist die Axt an die Wurzel der Bäume gelegt" – Lk 3,9). Dieses Gericht wird jeden treffen, der nicht radikal umkehrt und zum Zeichen eines vollkommenen Neubeginns „in letzter Minute" die Wassertaufe empfängt. Während Johannes der Täufer im Kommen Gottes also den „kommenden Zorn" sah, verband Jesus mit dem Kommen Gottes mehr als das Gericht. Das Kommen Gottes bedeutete für ihn zuallererst Heil, Aufleben, Freude, neue Chance für den Menschen. Zwei „Baum-Gleichnisse" machen diesen Unterschied deutlich: Der Täufer vergleicht das Kommen Gottes mit einer Axt, die schon bedrohlich an die Wurzeln der unfruchtbaren Bäume gelegt ist. Bei Jesus hingegen erhält der eigentlich schon dem Untergang geweihte unfruchtbare Feigenbaum noch eine Chance. Es soll sogar der Boden um den Baum herum aufgegraben und gedüngt werden (Lk 13,8), damit er doch noch seine Früchte bringen kann. Das Kommen Gottes, seine Herrschaft, sein Wirken sind also eine unverdiente Wohl-Tat, eine Chance, ein Gewinn für die Menschen und ihr Leben. Ein Um-Denken, ein Um-Kehren lohnt daher. Das Kommen des Gottesreiches bedeutet bei Jesus demnach nicht Zorn und Gericht, sondern Rettung der Sünder, die von sich aus keine Rettung zu erwarten hätten. Nicht die Umkehr geht somit dem Heil voraus; es ist vielmehr Gottes „Entgegenkommen", das den von ihm Erreichten umkehren lässt. Wer sich diesem Geschenk, diesem Angebot nicht verschließt, der wird dann auch sein Leben von Grund auf ändern.[72]

Jesus: Das Kommen Gottes – keine Katastrophe, sondern Heil!

In den Taten und Worten des Nazareners gewinnt somit das Gottesreich bzw. die Herrschaft Gottes ungeahnt neue Konturen und ein unübersehbares Profil. Jesus gelingt es nämlich, Gott und sein Handeln konkret erfahrbar, erahnbar zu machen – als etwas unerhört Spannendes, Freimachendes, Herausforderndes, Lebenswichtiges. Anders gesagt: Er ließ es mitten im Leben, in den Fragen, in den Leiden und Freuden der Menschen „gotten" (Gottfried Bachl). Was Jesus mit dieser Herrschaft Gottes in der Welt verbindet, spiegelt sich eindrucksvoll in der Antwort an Johannes den Täufer:

„Johannes hörte im Gefängnis von den Taten Christi. Da schickte er seine Jünger zu ihm und ließ ihn fragen: Bist du der, der kommen soll, oder müssen wir auf einen anderen warten? Jesus antwortete ihnen: Geht und berichtet Johannes, was ihr hört und seht: Blinde sehen wieder, und Lahme gehen; Aussätzige werden rein, und Taube hören; Tote stehen auf, und den Armen wird das Evangelium verkündet. Selig ist, wer an mir keinen Anstoß nimmt." (Mt 11,2–6)

Es ist interessant, dass Jesus diese „Vergegenwärtigung" des Gottesreiches nicht für sich alleine „pachtet". Er sendet vielmehr seine Jünger aus, um in Verbindung mit der Verkündigung des nahe gekommenen Reiches die Kranken zu heilen (Lk 10,9). Das Kommen und Wachsen des Gottesreiches soll demnach weitergehen: Überall da, wo Menschen in sich selbst und in ihrer persönlichen wie gesellschaftlichen Lebenswelt Gottes so andere Liebe, Gerechtigkeit und Frieden „durchscheinen lassen", wo sie einander „Heil" erfahrbar machen, da bahnt sich Gottes Reich seinen Weg.

„Dein Reich komme"

Jesus war kein Lehrer im herkömmlichen Sinn, der das Volk über Gott und dessen Herrschaft aufklärte. Er teilte in seiner Verkündigung auch keine ewigen Wahrheiten katechismusartig mit. Jesus weist in seinen Worten – im Besonderen in seinen kleinen Geschichten – vielmehr auf etwas Dynamisches hin, auf einen Vorgang, der die Situation der Menschen grundlegend verändern kann. Er verkündet ein neues Geschehen und ist überzeugt: Wo der Wille Gottes, d. h. die Leidenschaft Gottes für das Leben, die Liebe und die „größere Gerechtigkeit" ankommen und wirken kann, da bricht die Herrschaft Gottes an, wird das eigene Leben verwandelt. Dementsprechend verstand sich Jesus selbst als Bote und Zeuge dieses neuen, heilvollen Geschehens. Sehr schön spiegelt sich diese Ausrichtung auf das Kommen des Gottesreiches im Vaterunser. In diesem Gebet nimmt Jesus die Menschen ganz hinein in seine Gottesbeziehung. Der Grundtenor dieses Gebetes ist Vertrauen und Faszination. Deshalb betet und bittet Jesus, dass er jeden Tag Gottes heilende und beglückende Nähe erleben darf *(dein Name – „Ich bin da" – werde geheiligt)*. Gott soll immer mehr in seinem Denken, Tun und Fühlen ankommen und sich heilvoll auswirken *(dein Reich komme, dein Wille geschehe)*. Jesus vertraut auf Gottes bedingungslose Vergebung, die zugleich ermutigt, selbst zu vergeben *(und vergib uns unsere Schuld, wie auch wir vergeben unseren Schuldigern)*. Und schließlich erfährt er Gott als den, der aus unheilvollen Lebensmustern zu befreien vermag *(sondern erlöse uns von dem Bösen)*. Das Vaterunser aber ist nicht nur als Gebet für einzelne zu verstehen. Es hat seinen Platz vielmehr in der Gemeinschaft derer, die sich von Gott und seiner neuen Herrschaft „anstecken" lassen. Es inspiriert – inmitten der „unperfekten" und unheilen Welt – zu einem liebevollen, belastbaren, gerechten, sympathischen und versöhnungsbereiten Zusammenleben.

Hautnahe Erfahrungen des Gottesreiches: Wunder[73]

Jesus hat nicht nur mit Worten seine Botschaft verkündet, auch durch seine Taten – im Besonderen seine Wunder – hat er „gesprochen". Anders als die übrigen Wundertäter der Antike hat er seine Machttaten als Zeichen für die Nähe bzw. den Anbruch der Gottesherrschaft verstanden: „Wenn ich ... die Dämonen durch den Finger Gottes austreibe, dann ist doch das Reich Gottes schon zu euch gekommen" (Lk 11,20; vgl. Mt 12,28). In diesen Wundertaten beginnt für ihn eine neue Welt. Auf die Wunder fällt demnach ein ungeheurer Akzent: Die Gegenwart – so Gerd Theißen und

Annette Merz – wird im Kleinen zu einer Zeit des Heils. Bei den Wundern Jesu geht es also nicht um Mirakulöses oder um Mittel, durch die Jesus sich legitimieren könnte. Wo immer Wunder aus diesem Grund gefordert werden, verweigert Jesus sie. Sie haben einen anderen Sinn!

Von besonderer Bedeutung für das Wirken Jesu waren die Exorzismen. Darunter ist – biblisch gesprochen – die Austreibung eines „Dämons" aus einem „besessenen Menschen" gemeint. Als „besessen" galt eine Person, die nicht mehr Herr über sich selber war, bei der sich ein „zerstörerischer Geist" (Destruktivität, Lebensfeindlichkeit, ...) zeigte. Es ist nicht zu übersehen, dass die Gabe, Menschen von diesen „unreinen Geistern" zu befreien – und wieder handlungs- und lebensfähig zu machen – sehr wichtig für das Selbstverständnis Jesu war. Die Exorzismen gaben ihm das Bewusstsein (und bestätigten ihm zugleich), an der Schwelle einer neuen Welt zu stehen, das Wohltuende, Heilende der Gottesherrschaft anschaulich zu machen. Historisch sehr wahrscheinlich sind auch Heilungswunder Jesu, bei denen die Heilung durch eine heilende Kraft bzw. durch eine heilende Berührung bewirkt wurde. Neu – und einzigartig – war dabei das Glaubensmotiv bzw. der Zuspruch Jesu: „Dein Glaube hat dich gerettet!" Nur bei Jesus wurde der Glaube zu einer dem Wunder vorausgehenden wunderwirksamen Kraft. Damit schrieb er letztlich den Hilfesuchenden selbst die Kraft der Heilung zu. Dieses Motiv fehlt bei allen anderen antiken Wunderberichten. Ebenfalls zu rechnen ist mit den sogenannten „Normen-Wundern". So übertritt Jesus Normen (wie die Sabbatruhe), indem er am Sabbat heilt – um damit den „auf Menschlichkeit bedachten Gott" erfahrbar zu machen. Exorzismen, Heilungswunder und Normenwunder haben demnach ihre Grundlage in der Reich-Gottes-Praxis Jesu. Für die Erzählungen der Rettungswunder (z. B. Stillung des Seesturms, wunderbarer Seewandel) oder Geschenkwunder (z. B. Brotvermehrung, wunderbarer Fischfang) ist dagegen der Osterglaube – bzw. der mit ihm zusammenhängende Glaube an den „Gottessohn" – Voraussetzung.

Nicht nur Jesus selbst vollbrachte Wunder. Er ermutigte dazu auch andere! Dabei braucht man die Wunderkraft Jesu jedoch nicht auf okkulte Kräfte zurückzuführen. Vielmehr darf man – so beispielsweise Jürgen Werbick[74] – davon ausgehen, dass Jesu Wunder-Charisma mit jener heilenden und aufrichtenden Macht der Liebe zusammenhängt, die in der Gottesherrschaft, im Wirken Gottes, in seiner Zuwendung erfahrbar ist. Aufgrund dieser Macht der Liebe hat Jesus Heilungsverläufe möglich werden lassen, die uns heute unerklärlich scheinen. Freilich: Es ist eine auch uns durchaus zugängliche Erfahrung, dass Zuneigung, Liebe und Solidarität die Entfaltungsmöglichkeiten und Selbstheilungskräfte der Natur freisetzen, da sie den Menschen davon befreien, sich selbst zu schädigen. Wie sehr muss das dann der Fall sein, wenn Gottes Macht der Liebe in Jesu Zuwendung die Leidenden mit unvergleichlicher Intensität ergriffen hat.

Der „Menschensohn" als Repräsentant des Gottesreiches

Die Ausrichtung auf das Reich Gottes und das Bemühen, dieses Reich bzw. die menschenfreundliche und lebensförderliche Herrschaft Gottes konkret erfahrbar zu machen, spiegelt sich auch im Selbstverständnis Jesu wider. Ein Begriff, eine Vorstellung, eine Heilsfigur aus dem Alten Testament „verkörperte" all das für den Mann aus Nazaret auf ideale Weise: der Menschensohn. Die Vision des Menschensohnes findet sich im Buch Daniel, Kapitel 7,1–28. In einer Zeit größter Bedrängnis will Daniel bzw. der Verfasser dieses Buches den gläubigen und treuen Jüdinnen und Juden Hoffnung geben. Zu diesem Zweck breitet er die „jüngste" Geschichte Israels aus – vom Babylonischen Exil bis zur damals gegenwärtigen Verfolgung unter dem Seleukiden Antiochus Epiphanes IV (167 v. Chr.). Vier Reiche mit „bestialischem Antlitz und Gebaren" hat das Volk in dieser Zeit erleiden müssen. Dementsprechend werden diese Reiche (der Babylonier, Meder, Perser und Seleukiden) in einer Vision als vier Ungeheur dargestellt. Aber diese Reiche haben nicht ewig Bestand, es wird sich vielmehr ein Reich mit menschlichen Zügen durchsetzen – das Reich Gottes. Und Repräsentant dieses Reiches ist nicht – wie bei den Weltreichen zuvor – ein Ungeheuer, eine Bestie, sondern ein Mensch, genauer: der Menschensohn. Mit ihm – einem konkreten Menschen – beginnt sich dieses humane, menschenfreundliche Reich durchzusetzen. In Dan 7,13 heißt es daher:

> „Immer noch hatte ich die nächtlichen Visionen:
> Da kam mit den Wolken des Himmels
> einer wie ein Menschensohn.
> Er gelangte bis zu dem Hochbetagten
> und wurde vor ihn geführt.
> Ihm wurden Herrschaft,
> Würde und Königtum gegeben.
> Alle Völker, Nationen und Sprachen
> müssen ihm dienen.
> Seine Herrschaft ist eine ewige,
> unvergängliche Herrschaft.
> Sein Reich geht niemals unter."

Viele Stellen in den Evangelien zeigen, wie sehr sich Jesus als Repräsentant dieses neuen, menschenfreundlichen Reiches bzw. als der hier vorausgesagte Menschensohn verstand (vgl. z. B. die Wundererzählungen; insbesondere Lk 11,20: „Wenn ich aber die Dämonen durch den Finger Gottes austreibe, dann ist doch das Reich Gottes schon zu euch gekommen." Oder Mt 20,28: „Denn auch der Menschensohn ist nicht gekommen, um sich dienen zu lassen, sondern um zu dienen und sein Leben hinzugeben als Lösegeld für viele." Und in Mk 9,31 spricht Jesus zu den Seinen: „Der Menschensohn wird den Menschen ausgeliefert und sie werden ihn töten; doch drei Tage nach seinem Tod wird er auferstehen").

5.3 Die Ethik Jesu

Jesus von Nazaret ist für die Christinnen und Christen die zentrale „Leitfigur". Aus diesem Grund ist es immer wieder wichtig, einen möglichst authentischen Blick auf Jesus zu gewinnen, denn bei der Beschäftigung mit dem historischen Jesus zeigt sich, wie sehr sich die Persönlichkeit des Nazareners von ihren Projektionen unterscheidet – von all jenen merkwürdigen Gesetzen, Maßnahmen, Traditionen und Ideen, für die Jesus im Laufe der Jahrhunderte herhalten musste. Jesus aber kann nur richtig von seiner Reich-Gottes-Botschaft her verstanden werden. Diese Herrschaft, dieses Reich Gottes, das Jesus verkündet und anfanghaft erfahrbar machen will, ist ganz geprägt von „Gottes grenzenloser und unbedingter Gnade gerade für die Verlorenen und Elenden"[75]. Es zielt – eindeutig – auf das Heil der Menschen. Daher macht Jesus dieses Heil der Menschen auch zum entscheidenden Maßstab. Das bedeutet, dass der Nazarener nicht aufs Neue das Einhalten von Geboten fordert. Er ermutigt vielmehr zu einer Liebe, die im Einzelfall bis zum selbstlosen Dienst ohne Rangordnung geht, bis zum Verzicht auch ohne Gegenleistung, bis zum Vergeben ohne Grenzen. Eine Liebe, die selbst den Gegner, den Feind einschließt: Gottesliebe und Nächstenliebe nach dem Maß der Eigenliebe („wie dich selbst").

Die „Bergpredigt": Er-Mut-igung zum „Mehr"

Sehr deutlich wird das in der „Bergpredigt", die besser als „Lehre auf dem Berg" zu bezeichnen ist[76]. In ihr wird das angesprochen, was nicht Gegenstand einer gesetzlichen Regelung werden kann. Die herausfordernden Beispiele der großen Lehre auf dem Berg wollen gerade nicht eine gesetzliche Grenze angeben: genau zwei Meilen, unbedingt einen Mantel überlassen oder beide Wangen hinhalten ...

Gottes Forderung appelliert vielmehr an die Großzügigkeit des Menschen, tendiert auf ein „Mehr". In den Blick rückt hier das Innere des Menschen, sein Herz, seine Gesinnung, sein Denken, seine Haltung. Das Vertrauen zu Gott, die Ausrichtung der eigenen Person auf ihn hin (= Umdenken, „Umkehr") kann somit jetzt schon zu einem anderen Leben führen. Die Sache Gottes ist bei Jesus demnach unlösbar mit der Sache des Menschen verbunden: Gott will das Wohl der Menschen!

Die Worte des Nazareners: überraschend, „schräg", neu ...

Die Sätze Jesu waren nie leichte Kost, nie kalkulierbar, nie unangefochten, nie mainstream und mehrheitsfähig. Sich auf die Sätze des Nazareners einzulassen, bedeutet daher, sich auszusetzen, sich bewegen, stören und verändern lassen. So heißt es zum Beispiel in der „Bergpredigt": „Schließ ohne Zögern Frieden mit deinem Gegner, solange du mit ihm noch auf dem Weg zum Gericht bist ... Wer eine Frau auch nur lüstern ansieht, hat in seinem Herzen schon Ehebruch mit ihr begangen ... Leistet dem, der euch etwas Böses antut, keinen Widerstand, sondern wenn dich einer auf die rechte Wange schlägt, dann halt ihm auch die andere hin. Und wenn dich einer vor Gericht bringen will, um dir das Hemd wegzunehmen, dann lass ihm auch den Mantel. ... Ich aber sage euch: Liebt euere Feinde und betet für die, die euch verfolgen. ... Hütet euch, eure Gerechtigkeit zur Schau zu stellen ... Deine Almosen sollen verborgen bleiben ... Geh in deine Kammer, wenn du betest, und schließ die Tür zu ... Sammelt euch nicht Schätze hier auf der Erde, ... sondern sammelt euch Schätze im Himmel, wo weder Motte noch Wurm sie zerstören und keine Diebe einbrechen und sie stehlen ... Richtet nicht, damit ihr nicht gerichtet werden! ... Alles, was ihr also von anderen erwartet, das tut auch ihnen! ..." – Ist die Lehre auf dem Berg mit all ihren „Zu-Mut-ungen" nicht naiv, sperrig, ärgerlich weltfremd?

Worte, die die Mitte treffen ...

Wer die Forderungen der „Bergpredigt" aus dem Blickwinkel der „Nützlichkeit" und des eigenen Vorteils betrachtet, muss diese Fragen wohl mit Ja beantworten. Die Sätze dieser Rede zielen jedoch auf eine ganz andere Ebene. Sie sprechen nicht das kalkulierende Taktieren und das geschickte Verhalten an, sondern die Mitte, das Herz des Menschen, das Zentrum seiner Persönlichkeit, seine Grundorientierung, an dem Gelingen oder Nicht-Gelingen, Glücken oder Nicht-Glücken des Lebens hängen. Letztlich macht Jesus in der „Bergpredigt" anschaulich, wozu der Mensch *auch* fähig sein kann. Großzügigkeit, Weite, Menschlichkeit sind für ihn dann möglich, wenn der Mensch sich von der Größe, der Weite, der Menschlichkeit Gottes anstecken lässt. Nicht umsonst steht im Zentrum der Bergpredigt daher das Vaterunser mit seiner Einladung, Gott auf sich Tag für Tag „abfärben" zu lassen. Im Besonderen mutet Jesus diese neue Lebensweise den „Armen und Kleinen" zu. Gerade ihnen vertraut er, souverän zu handeln – wie „Könige": vergebt, seid großzügig, macht den ersten Schritt ... Jesus hat daher alles andere als eine „Kleine-Leute-Moral" gepredigt! In seinem Blick lag eher eine neue „Elite des Herzens".

5.4 Die Letzten Tage in Jerusalem

Jesus hatte mit seiner neuen Botschaft nur wenig Erfolg, mehr noch: Er scheiterte kläglich und ihm wurde der Prozess gemacht. Was aber waren die Gründe dafür?[77] Letzter

Anstoß für das behördliche Vorgehen gegen Jesus dürften die Störaktion im Tempel bzw. seine kritischen Tempelaussagen gewesen sein. Darüber hinausgehend ließ wohl der einmalige Anspruch Jesu die religiösen Machthaber gegen ihn agieren:

– So trat Jesus mit einer Vollmacht auf wie keiner vor ihm. Diese Vollmacht begründete der Mann aus Nazaret nirgendwo. Er nahm sie einfach in Anspruch, handelte aus ihr, ohne sich mit dem prophetischen „So spricht der Herr!" auf eine höhere Instanz zu berufen. Darüber hinaus vergab Jesus Sünden. Diese Vollmacht zur Sündenvergebung jedoch war im Judentum das ausschließliche Recht Gottes. Ebenso stellte er sich mit seinem „Ich aber sage euch!" über die Autorität des Mose und der Tradition. Es verwundert daher nicht, dass sich Menschen gefragt haben: Wer ist dieser? Ist Jesus der erwartete Messias, der endzeitliche Prophet, oder ein Lügenprophet und Volksaufwiegler?
– Im Zentrum von Jesu Tun und Reden stand das Ankommen der Gottesherrschaft. Jesus beanspruchte jedoch nicht nur von Gott und seiner Herrschaft zu sprechen, er war vielmehr davon überzeugt, dass sich in seinem Tun das Reich Gottes ereignet, d. h. Gott selbst heilvoll gegenwärtig ist (vgl. Mk 1,15). Das bedeutete aber auch, dass Jesus das endzeitliche Heil nicht mehr ausdrücklich vom Einhalten des Gesetzes, sondern von der Antwort auf seine Botschaft abhängig machte. Indem sich Heil und Versöhnung in Jesu Tun ereignen, war der Sünder auch nicht mehr auf den Sühne wirkenden Tempelkult angewiesen. Die Gottesreich-Botschaft Jesu und die lebendige Erfahrung dieses Gottesreiches in Jesu Tun nahm daher dem Tempel (als heiligster Institution) und der Tora (als oberster Norm) die absolute Heilsvermittlungsfunktion.
– Im Verhör vor dem Synedrium (= Hoher Rat: oberste

jüdische Verwaltungs- und Justizbehörde) spielten die Tempelworte eine Rolle. Jesu Protestaktion und Prophetie gegen den Tempelbetrieb – und damit gegen des Tempels priesterliche Hüter und geschäftliche Nutznießer – schien nicht nur religiös anmaßend, sondern auch für viele existenzbedrohend zu sein. So lebten vom Tempel die Unterschicht (Almosen), die Mittelschicht (Bauhandwerker, Viehzüchter, Geldwechsler, Schneider ...) wie auch der sadduzäische Priesteradel. Jesus musste also in den Augen vieler Synedristen als gefährlicher Störenfried gelten.

- Ebenso glich Jesu Verständnis der Tora (unkasuistisch, ganz auf den Menschen ausgerichtet), vor allem des Sabbats, der Fasten- und Reinheitsvorschriften einer Provokation, und seine Solidarisierung mit dem gesetzesunkundigen gemeinen Volk wie auch sein Umgang mit notorischen Gesetzesbrechern war skandalös.
- Zudem musste das Ankommen der Gottesherrschaft im Wort und in der heilenden Lebenspraxis eines scheinbar ungebildeten Wanderpredigers für die Frommen dieser Zeit als Zumutung erscheinen. Mit dem Ankommen des Gottesreiches verbanden diese vor allem die Hoffnung auf eine universale Erneuerung und Heilung der Welt. Es gab also eine größere Vorstellung vom Kommen des Gottesreiches, vom „Ende". Anstelle eines machtvollen Triumphes soll nun in diesem Wanderprediger das Reich Gottes anbrechen und ganz klein beginnen? Wer vom endzeitlichen Geschehen des Gotteswillens „größer" dachte, hatte offensichtlich die Tradition auf seiner Seite.
- Jürgen Werbick weist darauf hin, dass der Konflikt mit Jesus sicher noch weitere Dimensionen berührt hat. Aber im Wesentlichen hatte wohl Jesu Kritik an einer für das Entscheidende blind gewordenen Religiosität maßgeblichen Anteil an seinem Prozess: „Jesus hält ei-

> ner Frömmigkeit den Spiegel vor, die das eine Notwendige aus dem Blick verliert (gelebte Menschenliebe), auch in religiöser Praxis noch den eigenen Vorteil sucht … (vgl. etwa Mk 7,1ff; Mt 15,1–20 bzw. Lk 11,37–54); Jesu Verkündigung und Reich-Gottes-Praxis soll (demnach) der Spiegel sein, in dem eine verirrte Religiosität ihre innersten Beweggründe wahrnehmen kann. Entsprechend heftig sind die Reaktionen derer, die sich überführt wissen."[78]

Werbick betont jedoch zu Recht, dass der Konflikt Jesu mit einer für das Entscheidende blind gewordenen Religiosität nicht einfach das Judentum ins Unrecht setzt, selbst wenn Jesus diesem Konflikt zum Opfer gefallen sein sollte. Es besteht vielmehr Anlass zu der Vermutung, dass Jesu Auseinandersetzung mit dem Zweideutigwerden und der Perversion christlichen Gottesglaubens in der Christentumsgeschichte nicht weniger scharf ausfallen würde bzw. ausfallen wird.

Der Konflikt eskaliert

Im Besonderen spitzte sich der Konflikt zwischen Jesus und dem damaligen religiösen wie politischen Establishment in der Woche vor dem Pessach-Fest zu. Es ist nur zu verständlich, wenn Jesus in dieser lebensbedrohlichen Situation für einen Augenblick vergaß, wofür und woraus er bisher gelebt hatte. Inmitten der dramatischen letzten Tage Jesu – nach dem Jubel des Einzugs als Friedenskönig und dem Eklat im Tempel – verfluchte er daher unter dem Eindruck der Vergeblichkeit seiner Bemühungen einen Feigenbaum (Mt 21,18). Dieser steht für das umsonst umworbene Israel. Aber Jesus blieb nicht auf diesem depressiven Tiefpunkt stehen – mit dem Fluch und der Verdammung der Feinde als letzter Möglichkeit. Er fand einen neuen Zugang zu sich selbst, zu seinem nahen Tod und zu einem versöhnten Umgang mit den Menschen. Jesus verdichtete diese „innere Wandlung" wenig später in berührenden Zeichen und Worten während des letzten Abendmahles. So wie er – angespornt durch seinen Gott – *für* die Menschen gelebt hat, vermag er nun auch *für* diese zu sterben. Das Geheimnis dieser Wandlung lag in einer für Jesus ganz starken Erfahrung – einer Erfahrung, die bereits am Beginn seines öffentliches Wirkens zu finden ist und jetzt am Ende seines Lebens, in der Krise wieder zum Zug kommt. So wie Jesus bei seiner Taufe von der Zusage getroffen und bewegt wurde „Du bist mein geliebter Sohn", so erfährt er – inmitten der Krise und der Todesangst – diese Zusage am Ende seines Lebens wieder. Die Kraft dieser göttlichen Zusage aber kann für den Mann aus Nazaret nicht hoch genug eingeschätzt werden. Eugen Biser schreibt in seinem jüngsten Jesus-Buch[79] von einer damit zusammenhängenden Wandlung des Gottes- und Todesbewusstseins. Die Erfahrung, von diesem lebendigen und großzügigen Gott geliebt, gefordert und gefördert, getragen und befreit zu sein, nimmt Jesus nämlich den Schrecken aus dem Antlitz Gottes und eröffnet ihm zugleich einen neuen Zugang zum Tod. Und deshalb bleibt der Mann aus Nazaret in Jerusalem – obwohl er auch hätte fliehen können.

Die Passion[80]

Nach der Feier des letzten Abendmahls, dem Ringen in Getsemani, der Verhaftung und der Flucht seiner Jünger wird Jesus vor den Hohen Rat gebracht. Hier löst die Antwort Jesu auf die Frage des Hohenpriesters Josephus Kajaphas, ob er der Messias (Christus) sei, die konkrete Anklage aus (vgl. Mk 14,62). Der erste Teil der Antwort („Ich bin der Messias") hätte für Jesus vielleicht keine Konsequenzen gehabt. Erst die zweite Hälfte seiner Antwort („Und ihr werdet den Menschensohn zur Rechten der Macht sitzen und mit den Wolken des Himmels kommen sehen") erregte Anstoß[81], da Jesus vor dem Synedrium – in welchen Formulierungen auch immer – einen einzigartigen hoheitlichen Anspruch erhob. Nach dem Verhör durch den Hohen Rat wurde Jesus am frühen Morgen von Mitgliedern des Synedriums zu Pilatus gebracht, dem römischen Präfekten und obersten Gerichtsherrn von Judäa.[82] Entsprechend dem römischen Strafrecht bzw. der römischen Prozessordnung übergaben die Ankläger Pilatus vor dem Prätorium eine Anklageschrift (inskriptio). Da die damalige Verkehrssprache Griechisch war, wird diese Schrift in Griechisch verfasst gewesen sein und folgenden Inhalt gehabt haben: IESOUS NAZARAIOS BASILEUS (Jesus aus Nazaret, König). Da Pilatus auf den religiösen Begriff „Messias" bzw. „Christus" nicht entsprechend reagiert hätte, „übersetzten" die Ankläger wohl „Messias" – politisch zugespitzt! – mit dem Begriff „König". Aus der Todesstrafe der Kreuzigung wird ersichtlich, dass Jesu angeblicher Königsanspruch tatsächlich als Angriff auf den römischen Staat und damit als Verletzung der römischen Majestät gewertet wurde. Jesus wurde demnach als politischer Rebell verurteilt und hingerichtet. Damit aber ging die Rechnung der Synedristen voll auf.

Schuld am Tod Jesu waren auf keinen Fall das gesamte jüdische Volk bzw. „die" Juden. Es handelt sich vielmehr um Vertreter des damaligen religiösen Establishments – und um Pilatus, den Vertreter Roms. Daher von einer Kollektivschuld Israels zu sprechen, wie es lange Zeit unheilvoll gemacht wurde, geht an der Wirklichkeit vorbei.

Nach dem Prozess und dem Urteilsspruch wurde Jesus – wohl mit zwei weiteren Verurteilten – den Soldaten übergeben, die sogleich mit den Vorbereitungen zur Hinrichtung begannen. Dazu gehörte als erstes die öffentliche und äußerst brutale Geißelung sowie die Misshandlung der Delinquenten, vor allem aber des „Judenkönigs". Mit Hilfe eines zufällig vorbeigekommenen Mannes schleppte der durch die Geißelung geschwächte Jesus seinen Balken nach Golgatha, einer damals schädelförmigen und etwa 10 Meter hohen Erhebung in einem Felsgelände vor der Stadtmauer. Hier angekommen, begann nun die Kreuzigung. Die Kreuzigung selbst war wiederum der Willkür der Soldaten überlassen. Sie kreuzigten, wie es ihnen gerade „gefiel".[83] In der Regel wurden die Verurteilten nackt an den Kreuzesbalken geheftet und dann auf den Pfahl hinaufgezogen. Um das Sterben qualvoll zu verlängern, wurde den Gekreuzigten in der Mitte des Kreuzesbalkens ein Sitzpflock als „Stütze" gegeben, damit sich diese immer wieder unter unsäglichen Qualen hoch ziehen und aufrichten konnten. Unter dem Gewicht des Körpers aber drohen die Glieder zu zerreißen.

Wahrscheinlich wurde Jesus zwischen den beiden Zeloten gekreuzigt und dabei als „König der Juden" verspottet, mit dem „Ehrenplatz" in der Mitte. Nachdem die Soldaten ihre grausame Arbeit beendet hatten, verteilten sie die Habseligkeiten der Hingerichteten per Los. Jesus wurde also – wie Zahllose vor ihm und nach ihm – „zum Beuteobjekt degradiert". In seinen letzten Stunden dürfte Jesus neben den körperlichen Qualen noch eine weitere fast unerträgliche geistig-seelische Not durchlitten haben, die im Gefühl gipfelte, von Gott verlassen zu sein. Trotz der erfahrenen Gottesferne richtet sich Jesus mit dem Anstimmen des Psalms 22 – in einem letzten Akt des Vertrauens – an seinen Gott.[84] Markus schreibt, dass Jesus schließlich mit einem lauten Schrei verschied. Als vermutlicher Todestag Jesu gilt Freitag, 7. April des Jahres 30.

Jesus starb einsam – zwischen Verbrechern und grölenden Soldaten. Er wurde von seinen Jüngern im Stich gelassen. Allein die galiläischen Frauen aus seinem Kreis waren bei der Kreuzigung ihres Meisters zugegen. Namentlich genannt wird dabei Maria aus Magdala. Da Trauer den Römern jedoch als gefährlicher Akt der Solidarisierung mit dem Hingerichteten galt, durften die Anhängerinnen Jesu keine Reaktion zeigen, nicht rufen, nicht winken, nicht klagen, nicht einmal weinen. Es blieb nur das Schauen.

5.5 Auferweckt von den Toten

Im Zentrum des Christentums steht der Gekreuzigte, zugleich aber auch der von den Toten Auferweckte. Ohne die Erfahrung und das Bekenntnis von Frauen und Männern um Jesus, dass der Gekreuzigte nicht im Tod geblieben ist, hätte sich jene Bewegung, die später Christentum genannt wurde, nicht entwickelt. Denn die führende Gruppe um Jesus hatte sich angesichts der lebensbedrohlichen Situation in Jerusalem verflüchtigt. Niemand von ihnen stand vermutlich unter dem Kreuz, außer jene Frauen, die Jesus auch zu Lebzeiten begleitet und unterstützt hatten. Es spricht einiges dafür, dass die Männer in das sicher entfernte Galiläa flohen. Einige Zeit später traten sie jedoch in Jerusalem wieder an die Öffentlichkeit – diesmal mutig, offenherzig, einsatzfreudig. Als Grund für die Veränderung ihres Verhaltens gaben sie eine Erfahrung an, die sie mit den Worten ausdrückten: „Gott erweckte Jesus von den Toten".

Den Glauben an die Auferweckung gibt es nicht erst seit der Auferweckung Jesu. Diese Hoffnung ist älter und hat sich bereits im frühen Judentum entwickelt: Es dauerte ungefähr 1000 (!) Jahre, bis hier Menschen im 3./2. Jahrhundert v. Chr. den entscheidenden Durchbruch zu diesem Glauben schafften. In dieser langen Zeit konnte das Volk Israel seinen Gott „hautnah" kennen lernen. Und so kam es zur Überzeugung: Weil sich Gott jahrhundertelang in der konkreten Geschichte als treu und Menschen liebend erwiesen hat, deshalb wird er auch über den Tod hinaus treu bleiben und die Verstorbenen nicht alleine lassen, sondern zum Leben erwecken! Auf Grundlage dieses so lange gereiften und mühsam errungenen Glaubens waren die Männer und Frauen um Jesus letztlich in der Lage, ihre so ganz anderen Ostererfahrungen zur Sprache zu bringen.

Eine alles verändernde Begegnung

Auslöser dieser „Wende" waren dem Zeugnis jener Menschen zufolge Begegnungen mit einem veränderten, verwandelten, in neuer Qualität da seienden Jesus. Paulus stellt sich – als einziger selbst schreibender Osterzeuge – in seinem ersten Brief an die Korinther in eine Reihe mit diesen ersten Zeuginnen und Zeugen (vor allem mit Petrus) und betont auf diese Weise noch einmal die den Osterglauben auslösende Begegnung mit dem zuvor am Kreuz Getöteten. Dabei fällt auf, dass das Neue Testament diese Ostererfahrungen deutlich von Träumen oder Fantasien unterscheidet.[85] Sie sind keine Visionen im rein psychologischen Sinn. Bei den Begegnungen handelte es sich nach den biblischen Zeugnissen vielmehr um ein Ereignis, das von außen auf diese Menschen zugekommen ist. Am besten kann man hier wohl von einer Selbstbekundung des Auferweckten sprechen. Im Neuen Testament wird diese Selbstbekundung mit „er ließ sich sehen" umschrieben.[86] Ebenso wichtig wie die schriftlichen Osterzeugnisse sind die *gelebten* Osterzeugnisse: Am neuen Leben der Anhängerinnen und Anhänger Jesu zeigte sich eindrücklich, wie verändernd diese Männer und Frauen die Auferweckung Jesu erlebt haben.

Das neutestamentliche Auferweckungszeugnis

In den neutestamentlichen Schriften finden sich nirgendwo Texte, die Auskunft geben, wie die Auferweckung Jesu genau vor sich ging. Denn es handelt sich hierbei nicht um Reportagen, sondern um Glaubenszeugnisse. Nicht das „Wie", sondern das „Dass" der Auferweckung Jesu stand im Zentrum. Folglich wurde die neue und alles umwälzende „Nachricht" von der Auferweckung Jesu zunächst nur in dem einfachen Satz ausgedrückt: „Der Herr erweckte Jesus aus den Toten." Die ursprüngliche Ostererfahrung war somit die Erfahrung, dass Gott rettend in die Welt eingreift. Relativ früh erweiterte man jedoch dieses ursprüngliche Osterzeugnis. Jesus und seine Stellung rückten nun in den Blickpunkt und es kamen z. B. die Ostererscheinungen, das neu verstandene Sterben Jesu am Kreuz oder sein zukünftiges Kommen in Herrlichkeit hinzu. Die wohl bekannteste dieser Formeln findet sich in Paulus' erstem Brief an die Korinther:

> „Denn vor allem habe ich euch überliefert,
> was auch ich empfangen habe:
> Christus ist für unsere Sünden gestorben,
> gemäß der Schrift,
> und ist begraben worden.
> Er ist am dritten Tag auferweckt worden,
> gemäß der Schrift,
> und erschien dem Kephas (= Petrus), dann den Zwölf.
> Danach erschien er mehr als fünfhundert Brüdern zugleich;
> die meisten von ihnen sind noch am Leben,
> einige sind entschlafen. … Als letztem von allen
> erschien er auch mir …" (1 Kor 15,3–8)

Mit dem neuen „österlichen Blick" auf Jesus geht zugleich ein Begriffswechsel einher: Es wird nun von „Auferstehung" gesprochen. Während das ältere Wort „Auferweckung" die Initiative ganz bei Gott sieht, legt das Wort „Auferstehung" das Hauptaugenmerk auf das Handeln bzw. die Initiative Jesu. Im Neuen Testament gibt es neben den alten Formeln die etwas jüngeren Ostererzählungen. Diese Erzählungen sind nicht als historische Tatsachenberichte in das Neue Testament gekommen. Vielmehr handelt es sich bei den Grabes- und Erscheinungserzählungen um „spätere Verkündigung“, bei denen man das Osterbekenntnis und die ursprüngliche Ostererfahrung erzählerisch entfaltete. Mit ihrer Hilfe soll gezeigt werden, was das Osterereignis eigentlich bedeutet. Trotz dieser „Verkündigungsabsicht“ können in den einzelnen Erzählungen durchaus geschichtliche Erinnerungen mitschwingen (z. B. die Erscheinung in Galiläa oder die Erscheinung in Emmaus vor dem Jünger Kleopas).

5.6 Die vier Evangelien

Alles, was einen berührt und wichtig ist, wird weitererzählt. Jede Kultur und jede Religion kennt das, auch das Christentum. Spätestens ab dem Zeitpunkt, wo die letzten Männer und Frauen, die Jesus persönlich gekannt haben, wegzusterben begannen, galt es, das Erzählte schriftlich festzuhalten und auf diese Weise die Ursprungsidentität zu wahren. Nichts sollte verloren gehen. Die Botschaft von Jesus hatte sich in der Zwischenzeit jedoch so verbreitet, dass sie in verschiedenen Gegenden bekannt war. Die Evangelisten gestalten deshalb – jeweils zugeschnitten für ihre Hörerinnen und Hörer, ihre Zeit und spezielle Situation – das Gehörte bzw. die ihnen bereits vorliegenden schriftlich fixierten Traditionsstücke (wie Passionsgeschichte, Wundergeschichten, Propheten-, Weisheits- und Gesetzesformeln, Herrenmahltradition etc.).[87]

Markus

Als erstes sammelte „Markus" (gemeint ist damit wohl Johannes Markus, ein Dolmetscher des Petrus) um 70 n. Chr. Überlieferungen über Jesus, vor allem Wundererzählungen, Gleichnisse, Geschichten, die in einem Jesuswort gipfeln, Einzelworte und Zeugnisse über die Passion. Er ordnete diese Stoffe zeitlich und sachlich und verarbeitete sie so zu einem Evangelium. Seine Zielgruppe sind Heiden und Heidenchristen. Ihnen stellt er Jesus als den verheißenen Messias und Sohn Gottes vor, der als solcher jedoch nicht erkannt wird (erst am Kreuz wird dieses Geheimnis enthüllt). Während das Markusevangelium mehr Gewicht auf das Handeln Jesu legt, durch das die Heilszeit angebrochen ist, beleuchtet das Matthäusevangelium mehr die Lehre Jesu.

Matthäus

Der Evangelist wollte offenbar für seine Kirche eine Art Handbuch über Jesus und seine Lehre bieten. Er schreibt – mit Hilfe des Markusevangeliums – sein Evangelium um ca. 80 n. Chr. in einer Region, wo Christen und Juden zusammenlebten und verwendet darüber hinaus noch andere ihm zugängliche Quellen. Seine Darstellung ist von der Absicht geprägt, Jesus als den Erben Abrahams zu erweisen, den verheißenen Messias Israels. Deshalb zitiert Matthäus das Alte Testament häufiger als die anderen Evangelisten. Im Matthäusevangelium wird Jesus von Anfang an von den religiösen Führern seines Volkes abgelehnt und verfolgt, von Sündern und Heiden jedoch anerkannt. Jesus ist als der Sohn des lebendigen Gottes der endgültige Offenbarer, Gesetzgeber und Lehrer. Das zeigen vor allem die fünf großen Reden, darunter die Bergpredigt. Mit der Auferstehung Jesu ist der Weg des Heils zu allen Menschen offen, alle sollen Jünger Jesu und Kinder des Vaters im Himmel werden. Was im Matthäus-Evangelium noch auffällt ist die Hervorhebung der Kirche. Sie ist an die Stelle Israels als das wahre Volk Gottes getreten und besteht aus Juden und Heiden. Als Verfasser nimmt man heute einen nicht näher bekannten judenchristlichen Lehrer an, der wohl noch Schüler der Apostel war.

Lukas

Der Evangelist Lukas wiederum will – etwa zur selben Zeit wie Matthäus – ein Schriftwerk für gebildete Nichtchristen und Heidenchristen schaffen, wie das kunstvoll gestaltete Vorwort (1,1–4) zeigt. Darin berichtet er, dass schon viele vor ihm die auf Augenzeugen zurückgehenden Überlieferungen über Jesus zusammengestellt hätten, er also verschiedene schriftliche Vorlagen hatte, und dass er allem genau nachgegangen sei, um die Verkündigung der Kirche historisch und theologisch als zuverlässig zu erweisen. Lukas „zeichnet" Jesus im Besondern als Heiland der Verlorenen, der sozial Entrechteten, der Frauen, der Zöllner und Sünder. Dabei offenbarte er die Menschenliebe Gottes auf bezwingende Weise. Alle Christen müssen daher ebenso wie Jesus handeln. Wo jemand sich dem Wort Jesu öffnet, wird er zu einem guten und edlen Menschen. Als Verfasser des Lukasevangeliums nimmt man heute einen sehr gebildeten Heidenchristen an.

Johannes

Das Johannesevangelium unterscheidet sich in Anlage, Auswahl und Darbietung des Stoffes erheblich von den drei früheren Evangelien. Ziel dieses Evangeliums ist die Selbstoffenbarung Jesu in Wort und „Zeichen", in der er sich als der von Gott gesandte Sohn, als Licht und Leben der Menschen bezeugt. Während die ersten drei Evangelien mehr die messianische Berufung Jesu sowie religiöse und ethische Fragen betonen, ist hier die göttliche Natur sowie das Verhältnis Jesu zu Gott von besonderer Bedeutung („und das Wort ist Fleisch geworden und hat unter uns gewohnt"). Die ganze Darstellung soll den Glauben begründen, dass Jesus „der Messias, der Sohn Gottes ist", durch den die Glaubenden ewiges Leben gewinnen. Das Johannesevangelium ist wohl um das Ende des 1. Jahrhunderts entstanden in einem Gebiet, in dem es starke Rivalitäten zwischen Judentum und beginnendem Christentum gab.

Die übrigen Schriften des Neuen Testaments

Im Neuen Testament gibt es noch eine Apostelgeschichte, 21 Briefe an christliche Gemeinden und eine Apokalypse, die Johannesoffenbarung. Von den Paulusbriefen gelten nur sieben als authentisch. Sie sind älter als die Evangelien.

Neben den regulären bzw. für die Kirche verbindlichen Schriften des Neuen Testaments gibt es auch „apokryphe" Schriften. „Das ‚apokryphe Neue Testament' umfasst Evangelien, Apostelgeschichten, Briefe und Apokalypsen. Von diesen Evangelien können das Hebräerevangelium und das Thomasevangelium echte Traditionen enthalten, aber meistens sind sie einfach so angeordnet, um die volkstümliche Neugier mit Geschichten von der Kindheit Jesu, seinem Leben nach der Auferstehung usw. zu befriedigen. Die Akten – von Petrus, Paulus, Johannes, Andreas und Thomas – sind in ähnlicher Weise größtenteils fabulös."[88]

Außerchristliche Jesus-Zeugnisse

Neben dem Neuen Testament finden sich auch wertvolle Hinweise auf Jesus in schriftlichen Quellen, die von Nicht-

Christen stammen.[89] Diese unterstreichen auf ihre Weise die Glaubwürdigkeit biblischer Informationen über den Mann aus Nazaret, insbesondere was seinen Tod am Kreuz betrifft.

Mara bar Sarapion: Jesus, der „weise König der Juden"
Das wohl älteste „heidnische" Zeugnis über Jesus findet sich in einem Brief des syrischen Philosophen Mara bar Sarapion. Mara schreibt um 73 n. Chr. aus römischer Gefangenschaft an seinen Sohn. Dabei empfiehlt der Vater seinem Sohn die Weisheit als einzig erstrebenswerten Besitz und Lebensinhalt. Zwar werden auch die Weisen in einer Welt voll Gewalttätigkeit und Verleumdung verfolgt, die Weisheit selber jedoch – so Mara – ist ewig. Das verdeutlicht er anhand von Sokrates, dem Bildhauer Pythagoras und einem „weisen König der Juden", der hingerichtet wurde. In der gleichen Zeit, als Mara seinen Brief geschrieben hat, ist das Matthäus-Evangelium entstanden. Im Matthäus-Evangelium wird Jesus als der weise „König der Juden" gezeichnet.

Josephus Flavius: „Jesus, der Christus genannt wird"
Der aus einer begüterten jüdischen Familie stammende Josephus (37/38 n. Chr. – nach 100) kommt auf Jesus in seiner „Weltgeschichte des jüdischen Volkes" („Antiquitates Iudaicae", erschienen um 93 n. Chr.) zu sprechen. Josephus berichtet dabei, dass Jesus gewaltsam gestorben ist. Josephus weiß auch von Wundern Jesu. Er erzählt von ihnen neutral, nicht polemisch. Josephus bezeichnet Jesus als „Lehrer" und „weisen Mann" und verwendet den Titel „Christus/Messias". Interessant ist, dass Josephus bei der Schilderung der Verurteilung und Steinigung des Jakobus diesen als Bruder Jesu kennzeichnet („ein Bruder Jesu, der Christus genannt wird").

Römische Schriftsteller und Staatsmänner über Christus
Aus der Zeit zwischen 110 und 120 n. Chr. sind uns drei kurze Erwähnungen Christi in den Werken römischer Schriftsteller erhalten geblieben. Plinius der Jüngere (61 – ca. 120 n. Chr.), Tacitus (55/56 – ca. 120 n. Chr.) und Sueton (70 – ca. 130 n. Chr.) berichten dabei eher beiläufig über „Christus" bzw. „Chrestus". Immer besteht in den Darstellungen ein Zusammenhang mit einem öffentlichen Einschreiten gegen die Christen.

Während der im Gefängnis sitzende Mara bar Sarapion sich Jesus verbunden fühlt, lautet die Meinung der drei Römer über das Christentum: Es ist ein abscheulicher und möglicherweise staatsgefährdender Aberglaube.

5.7 Ein Mann, der alle Schemen sprengt – Christologie von Anfang an

Jesus wird im Neuen Testament nicht nur Messias oder Christus bzw. Menschensohn genannt, sondern auch als Prophet, Gottesknecht, Hoher Priester, Herr (Kyrios) und Gottessohn bezeichnet. Aus dieser Fülle der Bezeichnungen darf geschlossen werden, dass ein einzelner Titel für die Anhängerinnen und Anhänger Jesu wohl nicht ausgereicht hat, um nach Ostern auszusagen, wer Jesus war, wer Jesus ist und welche Bedeutung er hat. Jesus ist für Walter Kasper[90] demnach „der Mann, der alle Schemen sprengt". Der Mann aus Galiläa selbst hat während seines Wirkens mit größter Wahrscheinlichkeit weder den Messias- noch den Gottessohn-Titel ausdrücklich für sich gebraucht. Er hat aber für sich in Anspruch genommen, an Gottes Stelle zu sprechen und zu handeln und in einer einmaligen und unübertragbaren Gemeinschaft mit seinem Vater zu stehen. Dieser Anspruch trug wohl auch zur Verurteilung Jesu bei. Dementsprechend sollte der Tod Jesu am Kreuz zeigen, dass Jesus „ein von Gott Verfluchter war“ und nichts mit ihm gemein hatte (vgl. Dtn 21,22–23).

Seit seiner Auferweckung zum „Sohn Gottes“ eingesetzt

Als die Männer und Frauen um Jesus aufgrund bestimmter österlicher Erfahrungen aber glauben durften, dass Jesus nicht in Leid und Tod geblieben war, sondern bei Gott ist, begannen sie, Jesu Leben neu zu deuten. Dabei griffen sie im Besonderen auf den Titel „Sohn Gottes“ zurück. So schreibt Paulus in seinem Römerbrief, dass Jesus seit seiner Auferstehung von den Toten „zum Sohn Gottes eingesetzt“ (Röm 1,4) ist. Es ist gut denkbar, dass mit diesem Titel zum einen die Identifikation Gottes mit Jesus ausgesagt werden soll: Durch die Auferweckung sprach Gott – bildlich gesprochen – ein „großes Ja“ zum Leben und Sterben Jesu. Er identifiziert sich mit dem Nazarener. Mit der Auferweckung Jesu zeigt Gott, dass seine Liebe in diesem einzigartigen Leben uneingeschränkt da sein und wirksam werden konnte. In Jesu Worten und Taten war Gott gegenwärtig, sprach und handelte Gott selbst. In Jesus machte sich Gott „be-greif-bar“. Zum anderen drückte der Titel „Sohn Gottes“ aus, dass Jesus in seinem Leben mit Gott übereinstimmte. Die Gebetsanrede „abba“ (= Papa) macht dieses Nahverhältnis, dieses sich ganz von Gott her Verstehen deutlich. Wenn Christen sich daher zu Jesus als dem Sohn Gottes bekennen, „verdichten“ sie damit ihren Glauben, dass sich Gott im Mann aus Nazaret ein für alle Mal, einzigartig, unvertauschbar, endgültig und unüberbietbar geoffenbart und mitgeteilt hat.

Im Buch „Der schwierige Jesus“ von Gottfried Bachl finden sich Zeilen, die einen zeitgemäßen Zugang zum christlichen „Sohn Gottes“-Bekenntnisses ausdrücken: „In diesem Jesus scheint alles bereit zu sein für Gott, den Einfall seines Willens und seiner Wahrheit, sodass er zugleich ganz in diesen unverfügbaren Brennpunkt versammelt ist und alles, was er weiß und kann, aus dem Zentrum *Gott* ordnet ... Jesus trägt in seiner menschlichen Schlichtheit das Feuer der göttlichen Anwesenheit mitten hinein, an alle heran. Er ist in Person das Zeugnis für die ganz andere Art der Liebe Gottes. ... (Dort, wo diese Liebe brennt), wie in Jesus, entsteht ... in der Flüchtigkeit eines kurzen Lebens die unvergessliche, ganz ungewöhnliche, über alle Mittelmäßigkeit hinausspringende Gestalt."[91]

Ein „Titel" reicht nicht aus für die Bedeutung Jesu

Im Philipperbrief (Phil 1,2) wird das Bekenntnis „Jesus ist der Sohn Gottes" noch einmal überboten mit dem Satz „Jesus ist der Herr" (= der „Kyrios"). „Kyrios" aber ist die griechische Bezeichnung für den Gott des Alten Testaments. „Jesus ist der Herr" will demzufolge ausdrücken, dass sich in dem Mann aus Nazaret Gott auf unüberbietbare Weise „offenbart", festgelegt, erfahrbar und erkennbar gemacht hat. In ihm konnte er ganz da sein. In der Menschenliebe Jesu begegnet die Menschenliebe Gottes. Von Gott kann daher nie mehr anders als im Zusammenhang mit Jesus geredet werden. Dieses Bekenntnis zu Jesus als Kyrios bzw. Gott gründet jedoch wiederum nicht in abstrakten Spekulationen, sondern hat seinen Grund im Glauben an die Auferweckung Jesu von den Toten und dessen bleibende Bestätigung durch seinen Vater.

Bis heute beschäftigt nicht nur das Christentum die Frage, wie das Bekenntnis zu Jesus als Gott mit dem Monotheismus zusammen passt: Wenn Christinnen und Christen vom „drei-einen" Gott sprechen, dann meinen sie damit nicht den Glauben an drei Götter. Mit diesem einzigartigen, aber heute schwer zu verstehenden Bild wollen sie vielmehr – angeregt durch die Erfahrungen mit Jesus – die Zuwendung und Nähe Gottes betonen. In die heutige Sprache übersetzt drückt der Glaube an den drei-einen Gott folgende Gotteserfahrung aus: Gott, der unsichtbare Vater über uns; Jesus, die erfahrbare Menschenliebe Gottes mit uns;

Heiliger Geist, die liebevolle Nähe des Vaters und des Sohnes bei und in uns.

Die „hohe" Christologie – keine Entfremdung

Die bisherigen Überlegungen haben gezeigt, dass die für das Christentum so zentrale Christologie nicht etwas ist, was im Widerspruch zum historischen Jesus steht. Vielmehr hat Christologie immer schon im Verstehen und in der gläubigen Betrachtung der ersten Zeuginnen und Zeugen Jesu mitgeschwungen. Dementsprechend kann der Verdacht, ob nicht auch „die ganz ‚hohe' Christologie eine späte Erfindung"[92] ist, leicht entkräftet werden. Thomas Söding argumentiert in seinem Buch „Der Gottessohn aus Nazareth. Das Menschsein Jesu im Neuen Testament", dass christologische Aussagen, etwa jene, die später auf dem Konzil von Nizäa 325 formuliert wurden (z. B. Jesus Christus als Einziggeborener aus dem Vater; wahrer Gott aus wahrem Gott; von einer Substanz mit dem Vater etc.), nicht in Absetzung vom historischen Jesus entstanden sind. Vielmehr reagiert diese Christologie im Gefolge der neutestamentlichen Christologie auf Jesus selbst, „aber nicht nur auf den Irdischen, auch nicht nur auf den Gekreuzigten, sondern letztlich auf den Auferstandenen"[93]:

> „Es gibt in der Jesustradition keine christologiefreie Zone. Paulus hat die Grundaussagen seines Evangeliums nicht erfunden, sondern gefunden – im Glaubensschatz der Urgemeinde. Der Verdacht, die Christologie sei ein Verrat an Jesus, kann nicht auf Päpste und machtvolle Bischöfe abgewälzt werden, nicht auf römische Kaiser, die auf die Christen setzten und sich Christen nennen, nicht auf einige Theologen, die ihre Glasperlenspiele lieben. Wenn schon, muss er gegen die Urgemeinde selbst gerichtet werden, gegen Paulus und Petrus, gegen den Jünger, den

Jesus liebte, gegen seine Mutter Maria, gegen Johannes den Täufer, aber auch gegen Maria Magdalena, die als erste die Auferstehung verkündet hat (Joh 20,18)."[94]

5.9 Worum es beim Christ-Sein geht

Die Art und Weise, wie Jesus gestorben ist, unterscheidet ihn deutlich von den anderen Religionsstiftern und bedeutenden Menschen (wie z. B. Sokrates). Jesus starb in jungen Jahren einen qualvollen Schandtod, der ihn öffentlich bloßstellte und abqualifizierte. Weder von Mose noch von Buddha, Lao-Tse oder Muhammad ist ein so frühzeitiger und grausamer Tod übermittelt. Selbst Sokrates, der für seine Lehre sein Leben lassen musste, starb viel eleganter. Zu Recht stellt daher Hans Küng fest: „Das Unterscheidende des Christentums … ist ganz wörtlich nach Paulus ‚Jesus Christus und dieser als der Gekreuzigte'. Er ist der Inhalt des Evangeliums, auf seinen Namen wird der Glaubende getauft, seines Leidens, Sterbens und neuen Lebens gedenkt er in der Mahlfeier."[95]

Im Zentrum ein Gekreuzigter – und die Folgen

Dass im Zentrum des Christentums ein Leidender, Verachteter und Liquidierter steht, macht das Christentum und seine Wirkgeschichte unverwechselbar. So hält das Bild des leidenden Menschensohnes bis heute die Erinnerung an die Leidenden und Armen wach – und an die Pflichten der Gesunden, Reichen, und Mächtigen ihnen gegenüber („Option für die Kranken, Armen, Verkrätzten, Randständigen …"). Mit dieser Option ging allmählich ein beeindruckender Paradigmenwechsel einher, den der ehemalige Inhaber des Romano-Guardini-Lehrstuhls für Christliche Weltanschauung und Kulturtheorie Hans Maier in seinem

Buch „Welt ohne Christentum – was wäre anders?“ so beschreibt: „Dass Arme, Kranke, Besessene, Hässliche und Niedrige zu den Adressaten der frohen Botschaft gehören ... das hebt das biblische Menschenbild ab vom griechischen Ideal der Schönheit und Wohlgeratenheit, vom ‚Menschen des Agon, der seinen nackten Leib der Sonne preisgibt‘.“[96] Während sich in der Antike (und auch heute wieder) eine Kultur entwickelte, die sich an die „Besten“ und „Gesündesten“ wendet, erfolgte mit der Ausbreitung des Christentums eine Kultur, die „für alle“ sorgen will. Das zeigte sich z. B. deutlich in der institutionalisierten Armen- und Krankenpflege.[97]

„Bewegungsumkehr der Liebe“

In dieser Hinwendung zu allen spiegelt sich zugleich auch ein besonderes Verständnis von Liebe wider. Der deutsche Philosoph und Soziologe Max Scheler hat in einem Vergleich zwischen der vorchristlichen Antike und dem Christentum einen diesbezüglich wichtigen Unterschied herausgearbeitet. Für die Griechen war Liebe nämlich „ein Streben, eine Tendenz des ‚Niederen‘ zum ‚Höheren‘, des ‚Unvollkommeneren‘ zum ‚Vollkommeneren‘ ...“. Platon betont dementsprechend, dass Götter nicht zu lieben brauchen, weil sie ja vollkommen sind. Mit dem Christentum hingegen erfolgte eine „Bewegungsumkehr der Liebe“ (Max Scheler). Entscheidend und maßgebend wurde jetzt, dass sich das Edle zum Unedlen herabneigt und hinablässt, der Gesunde zum Kranken, der Reiche zum Armen, der Schöne zum Hässlichen, der Gute und Heilige zum Schlechten und Gemeinen, der Messias zu den Zöllnern und Sündern – und dies *ohne* die antike Angst, dadurch zu verlieren und selbst unedel zu werden, sondern in der eigentümlich frommen Überzeugung, im Aktvollzug dieses ‚Beugens‘, ... in diesem ‚sich Verlieren‘ das Höchste zu gewinnen – Gott gleich zu werden."[98] Oder anders gesagt: In der Schwäche für den anderen liegt die Stärke. Im Christentum geht es somit primär um die gelebte Nachfolge, um das Tun, um konkrete Nächstenliebe, um eine „Wahrheit, die auf Praxis zielt, die auf den Weg ruft, die ein neues Leben schenkt und ermöglicht"[99].

Reich-Gottes-Praxis der Getauften

Dass es im Christentum, d. h. auf dem Weg bzw. in den Spuren Jesu, um eine „Wahrheit geht, die auf Praxis zielt" zeigt besonders deutlich jene Zeichenhandlung, jenes Sakrament, durch das Menschen zu Christinnen bzw. Christen werden – die Taufe. In der Taufe mit ihren verschiedenen Ritualen wird das verdichtet und anschaulich gemacht, worum es im Christentum wesentlich geht: nämlich das Alte, Einschränkende, Zwanghafte, Unmenschliche in sich zurückzulassen, und dem Neuen, Menschlichen, Weiten, Lebensfreundlichen immer mehr Raum zu geben. Grundvoraussetzung dafür ist die Beziehung bzw. Verbindung mit Jesus. So ist etwa das ursprüngliche Untergetaucht-Werden des Täuflings ins Wasser bleibendes Symbol dafür, dass der Getaufte stets aufs Neue in Jesus „eintauchen" soll. Christ-Sein heißt demnach, sich – wenigstens anfanghaft – der Geisteshaltung Jesu, seinem Lebenszugang und seiner Praxis zu öffnen und sich davon inspirieren, bewegen und verwandeln zu lassen.

Wenn Christinnen und Christen beispielsweise ihre Hand bzw. Finger in das Weihwasser (= Taufwasser) tauchen und sich dann bekreuzigen, tauchen sie damit symbolisch – mit ihren Gedanken, mit all ihren Fähigkeiten, mit dem, was sie mitbringen – in das ein, was Jesus wichtig war. Dieses kleine Ritual soll Christinnen und Christen mitten im Alltag an ihre Taufe erinnern und zu einem Leben im Geiste Jesu motivieren. Mehr noch als das Kreuzzeichen ist die Feier der Eucharistie Stärkung auf diesem Weg. In den Gaben von Brot und Wein bringen die Gläubigen sich selbst – ihre Stärken und Schwächen, ihr Leben in all seinen Facetten – vor Gott. So wie Brot und Wein bei der Wandlung eine neue Bestimmung bekommen, so sollen auch die Menschen gewandelt werden: im Geiste bzw. Sinne Jesu.

Zu einem Leben, das Maß an Christus nimmt, gehört im Besondern die Orientierung am Reich Gottes bzw. an der Herrschaft Gottes. In der Auseinandersetzung mit Jesus und seiner Praxis entdeckte Anselm Grün dafür drei wichtige Akzente bzw. Strukturelemente: „Jesus hat uns ... zuerst gelehrt, unser Leben, die Welt und Gott neu zu sehen. Und aus dieser neuen Sicht, die er uns selbst vorgelebt hat, erwächst dann von selbst auch ein neues Verhalten und ein neues Daseinsgefühl."[100] Das heißt, im christlichen Leben geht es zunächst um eine „Seh-Schule", um das Einüben des „Reich-Gottes-Blickes". Christinnen und Christen sollen ihre Augen immer wieder für das befreiende Dasein Gottes „schärfen" und einen Blick für die so andere – ganz und gar nicht berechnende, sondern befreiend-großzügige – Logik Gottes bekommen (vgl. z. B. das Gleichnis von den Arbeitern im Weinberg oder die Überwindung des „Freund-Feind-Schemas" in der Bergpredigt).

Wer seinen Blick auf die Welt, auf die Mitmenschen und sich selbst in diesem Sinn zu verändern und zu weiten versucht, der ändert dann auch seine Praxis. Bezeichnend für Jesus war es, dass er Menschen – im Sinne dieser Herrschaft Gottes – aufgerichtet und groß gemacht (vgl. die Heilung der gekrümmten Frau oder das Treffen mit Zachäus) sowie gestärkt hat (das zeigt sich besonders deutlich auch in der Identifikation Jesu mit dem Brot beim letzten Abendmahl). Christin-Sein bzw. Christ-Sein zielt demnach auf eine Praxis hin, die aufrichtet und stärkt, die das gegenseitige Kleinmachen und Niederhalten (strukturell und gesellschaftlich) überwindet. Es geht hier um den Einsatz für Gerechtigkeit und humane Lebensbedingungen.

Als drittes Merkmal und bleibende Herausforderung ist das „Daseinsgefühl" im Blick. Konkret heißt das, wer Spuren der heilvollen Herrschaft Gottes in seinem Leben entdeckt (Wandlung und Weitung des eigenen Blicks sowie Wandlung und Weitung der eigenen Praxis), der entdeckt auch Sinn, Dankbarkeit und Fülle in seinem Leben. Das Gefühl, zu kurz gekommen zu sein und sich nur vom Mangel her zu verstehen (mit allen Konsequenzen), kann zugunsten einer Ahnung des Beschenktseins und Beschenktwerdens überwunden werden. Alles Feiern der Christinnen und Christen, alle ihre Sakramente, all ihr Beten und alles Verkündigen dient letztlich diesen drei Momenten der Herrschaft Gottes: neu sehen, neu handeln, neu fühlen.

6. Islam

„Ein Beduine kam zum Propheten und fragte ihn:
„Was muss ich tun, um ins Paradies zu kommen?"
Der Prophet erwiderte: „Diene allein Gott
und schreib ihm keine Teilhaber an seiner Göttlichkeit zu.
Verrichte das vorgeschriebene Gebet,
bezahl die gesetzliche Abgabe (Almosen)
und faste im Monat Ramadan!"
Der Beduine sagte: „Bei dem, in dessen Hand ich mich befinde!
Ich werde genau das tun, was du gesagt hast,
nicht mehr und nicht weniger!"
Nach diesen Worten entfernte er sich.
Der Prophet wandte sich seinen Gefährten zu und sagte:
„Wenn ihr einen Mann sehen wollt,
der ins Paradies eingehen wird,
dann schaut euch diesen Beduinen an!"
(Hadith des Buhari, XVI,1)

6.1 Die Person Muhammad

Abul Kasim Muhammad Ibn Abdallah Ibn Abd al-Muttalib, später bekannt unter dem Namen Muhammad, wurde am 25. August 570 oder 571 n. Chr. in Mekka (im Westteil Zentralarabiens) geboren. Noch vor seiner Geburt verstarb der Vater Abdallah, sodass seine Mutter Amina alleine für Muhammad zu sorgen hatte. Mit sechs Jahren verlor der Junge seine Mutter und er kam zu seinem Großvater. Als auch dieser verstarb, kam Muhammad als Achtjähriger zu seinem Onkel Abu-Talib. Nach der Überlieferung umsorgte Abu-Talib ihn wie seinen eigenen Sohn. Mit den Kindern der neuen Familie wurde Muhammad damit beauftragt, die Herden in der Wüste zu hüten. Abu-Talib nahm seinen

Neffen mit auf die Reisen seiner Karawane. Durch ihn lernte er die Welt um sich herum kennen.

Die islamische Tradition weiß – so wie die Wundererzählungen um Moses und Jesus – zu berichten, dass Muhammad von Anfang an als auserwählt erschien. Dementsprechend soll in der Nacht seiner Geburt ein Stern den Himmel taghell erleuchtet haben. In der Nacht der Geburt – berichtet etwa Essad Bey – herrschte Jubel unter den Engeln, die ihre Fackeln (Sternschnuppen) auf die Erde warfen. Ein Beben erschütterte zudem die Erde und Kirchen wie Synagogen stürzten ein. Ebenso sei die Nabelschnur des Neugeborenen bereits von der Vorsehung, ohne menschliches Zutun, durchtrennt gewesen. Ibn Ishaq wiederum weiß von einer Frau, die Amina während deren Schwangerschaft vorhersagte, dass ihr Sohn einmal Herr dieses Volkes werden würde. Im zarten Kindesalter soll Muhammad auch Besuch von zwei Engeln erhalten haben, die ihm mit bloßen Händen die Brust öffneten und das Herz mit Schnee wuschen, bis es rein wie Kristall war. Und in der syrischen Stadt Bosra soll ein christlicher Mönch namens Bahira den 10-Jährigen bereits als Gesandten Gottes erkannt haben.

Erfahrungen mit dem Christentum

Auf seinen (auch späteren) Reisen wird Muhammad mit Sicherheit erste Eindrücke vom Christentum erhalten haben. So fällt beispielsweise das Nahverhältnis zwischen dem Jesus-Bild im Koran und dem Jesus-Bild der sogenannten „Judenchristen“ auf[101]. Judenchristen verkörperten jene Form des frühen Christentums, bei dem der Glaube an den Messias Jesus mit der Beobachtung des mosaischen Ritualgesetztes verbunden war. Während das westliche und östliche Christentum im Laufe der Zeit eine hoch komplexe Theologie entwickelten (Lehre von der Dreifaltigkeit, Zwei-Naturen-Lehre Jesu Christi …), bewahrten die Judenchristen älteste christliche Glaubensanschauungen und Lebensordnungen. Sie vertraten einen klaren Monotheismus und eine Christologie, die betonte, dass Jesus ganz Mensch gewesen war. Als solcher verstand er sich ganz von Gott her und wusste sich von Gott gesandt. Erst nach seiner Auferweckung und Erhöhung wurde Jesus zum Christus, zum Gesalbten, zum Sohn Gottes eingesetzt.

In Berührung wird Muhammad auch mit den Mönchen der Wüste gekommen sein, vor allem mit jenen Asketen, die aus Angst vor der Strafe Gottes und seinem Gericht die härtesten Entbehrungen auf sich nahmen. Zu nennen wären aber auch die Manichäer, deren zwölf Niederwerfungen der Prophet vielleicht einmal kennen gelernt hat oder die Täufersekte der Sabäer, die eine Unmenge von Waschungen kannte. Vielleicht standen sektiererische Gruppierungen Pate für die spätere Auffassung Muhammads, dass statt Jesus ein Phantom gekreuzigt worden sei.

Die Jahre bis zur Berufung[102]

Muhammad blieb bis zum 25. Lebensjahr ledig. Doch als er eine Anstellung als Karawanenführer bei der reichen Kaufmannswitwe Khadidja erhielt, trat eine Veränderung in seinem Leben ein. Angetan von den Erfolgen des Karawanenführers und beeindruckt von der Intelligenz, Ruhe sowie Selbstsicherheit des 25-Jährigen, ließ Khadidja Muhammad ausrichten, dass sie ihm einen Heiratsantrag nicht abschlagen würde. Die Witwe war zwar 15 Jahre älter als er, aber die beiden verstanden sich so gut, dass die daraufhin geschlossene Ehe eine glückliche war und bis zum Tod Khadidjas – mehr als 20 Jahre – dauerte. Khadidja hatte aus zwei früheren Ehen bereits mehrere Kinder. Mit Muhammad bekam sie noch sieben Kinder dazu, wobei die drei Söhne alle früh gestorben sein sollen. Von den gemeinsamen vier Töchtern hatte Fatima später die größte Bedeutung.

Mit der Heirat war die Zukunft Muhammads gesichert. Was Reichtum und gesellschaftliches Ansehen betraf, hätte er eigentlich für den Rest seines Lebens ausgesorgt gehabt. Allmählich aber befiel Muhammad eine innere Unruhe und die sozialen Missstände unter den Reichen wurden ihm immer bewusster. Das inhaltslose Leben und der Glaube seiner Landsleute an die Götzen der Kaaba befriedigten ihn nicht. Und so wanderte Muhammad als ein religiös Suchender immer wieder durch die Gegend um Mekka. Vor allem in die kahle Gegend um den Berg Hira zog er sich zurück, um zu fasten.

Bevor Muhammad seinen Monotheismus verkündete, gab es in Arabien eine Religiosität, in der die Verehrung von Naturkräften wichtig war: Das Göttliche wurde als Macht erfahren – als Macht des Feuers, des Wassers etc. Neben Bäumen und Quellen wurden auch Steine kultisch verehrt. Besondere Geltung musste da wohl ein vom Himmel gefallener Stein, ein Meteor, haben. Zur Zeit Muhammads stellte sich die Kaaba als ein Heiligtum dar, das für einen Gottsucher verwirrend war. An dem tragenden Gerüst der Abraham-Erzählung hingen unzählige lokale Götzen. Selbstverständlich waren auch das Judentum und das Christentum bekannt. Beide wurden jedoch als Instrumente in der Machtpolitik der beiden Großmächte der damaligen Zeit erlebt: Byzanz und des persischen Sasaniden-Reiches. Die Byzantiner stützten sich auf das christliche Äthiopien und griffen von dort her auf den Jemen über. Die Perser kamen zur See oder von Oman und verbündeten sich dabei mit den Juden. Beiden ging es um das lukrative Weihrauchgeschäft.

Die erste Offenbarung

Im Jahr 610 hatte Muhammad ein Erlebnis, das für Muslime als erste Offenbarung gilt: Als Muhammad in einer der Höhlen am Berge Hira schlief, trat der Engel Gabriel (arabisch: Djibril) zu ihm mit dem göttlichen Befehl, das ihm Dargebotene zu lesen. Dabei handelt es sich um folgende Verse:

„Lies im Namen deines Herrn, der erschuf.
Er erschuf den Menschen aus einem Blutklumpen.
Lies;
denn dein Herr ist allgütig,
Der mit dem Schreibrohr lehrt,
lehrt den Menschen, was er nicht wusste."

(Sure 96,1–5)

Die Sure 96 ist somit für die Muslime die erste Stimme aus dem Himmel, das erste Wort Gottes an ihren Propheten[103]. Die Nacht der ersten Offenbarung (im Monat Ramadan) wird deshalb im Islam „Nach-Quadr" – die Nacht der Wunder – genannt. So wie die erste erlebte Muhammad auch die darauf folgenden Offenbarungen in ähnlicher Weise: Der Körper zitterte, wilde unzusammenhängende Laute wurden ausgestoßen, und schweißgebadet sank er zu Boden. Die ersten Anhänger Muhammads kamen aus seiner Familie: seine Frau Khadidja, der 10-jährige Vetter und Adoptivsohn Ali, der freigelassene und adoptierte Sklave Zaid. Nicht zu vergessen ist Abu Bakr, ein reicher Tuchhändler oder Bankier. Dieser, drei Jahre jünger als Muhammad, wurde später der wichtigste Mann für den Propheten. Abu Bakr verheiratete seine Tochter Aischa an Muhammad und entwickelte sich zum bedingungslosen Getreuen. Die kleine Gemeinschaft wuchs im ersten Jahr auf acht, dann auf zwanzig Anhänger. Irgendwann um das Jahr 613/614 beschloss Muhammad, öffentlich aufzutreten und handelte sich damit Hohn, Gelächter und Spott ein. Muhammad ließ sich jedoch davon nicht beirren – und es kam mit den Jahren zu einem folgenreichen Konflikt.

Von Mekka nach Medina

In leidenschaftlichen Mahnungen versuchte Muhammad seine Landsleute zu beschwören, von ihrer Gleichgültigkeit und ihrem blinden Verhalten abzulassen sowie sich Allah zuzuwenden – denn: im Jüngsten Gericht wird keiner die Möglichkeit haben, sich zu entschuldigen.[104] Unehrlichkeit und Gier, Betrug und Rücksichtslosigkeit sollten auf diese Weise nicht mehr das Geschäftsleben beherrschen, die Armen nicht mehr unterdrückt und ausgebeutet werden, Diebstahl und Mord, Trunkenheit und vielerlei andere Laster nicht mehr die Gesellschaft verseuchen. Verbunden mit dieser prophetisch-sozialkritischen Botschaft war ein strenger Monotheismus. Dieser wurde immer kompromissloser. Als Reaktion darauf wurde Muhammad mit seiner Gefolgschaft in ein Tal außerhalb der Stadt verbannt. Man durfte mit ihnen keinen Kontakt aufnehmen. Einige fanden sogar den Tod.

Im Jahr 615 schickte Muhammad elf Familien in das christliche Abessinien (Äthiopien und Eritrea). Er gab ihnen eine Botschaft an den Kaiser von Abessinien mit auf den Weg: Es war ein Teil der 19. Sure des Koran, in dem die Geschichte Marias, der Mutter Jesu Christi, erzählt wird. Das war eine Art Bekundung einer irgendwie gearteten Verwandtschaft zwischen der Botschaft des neuen Propheten und dem Christentum. Die Auswanderer wurden in Abessinien freundlich aufgenommen. Sie scheinen jedoch nur einige Monate dort geblieben zu sein. Im Jahr darauf (616) wanderten erneut etwa hundert Anhänger des Islam nach Abessinien (und blieben dort bis nach der großen Auswanderung nach Medina im Jahre 622).

In der Zwischenzeit hatte sich in der Wüste die Kunde von einem Propheten herumgesprochen – bis in die Stadt Yathrib (die später Medina genannt wurde).[105] Da in Yathrib aufgrund von Fehden zwischen den Stämmen (neben drei jüdischen Stämmen gab es noch zwei arabische Stämme) ein bedrohliches Machtvakuum entstanden war, gab es den Wunsch nach Stabilisierung. Deshalb wurden mit Muhammad erste religiöse Übereinkünfte getroffen und die

Leute von Yathrib legten sich fest, auf Vielgötterei, Ehebruch, Diebstahl und Tötung von Kindern zu verzichten. Außerdem gelobten sie Allahs Propheten Gehorsam. Im Jahr 622 erfolgte dann die entscheidende Auswanderungswelle der Anhänger Muhammads nach Yathrib. Nur Ali, Abu Bakr und Muhammad blieben als letzte zurück. Nach deren Verfolgung durch die Mekkaner und ihrer „wunderbaren Rettung“[106] gelangten sie am 24. September 622 in Quba, einem Vorort von Yathrib, an. Die Hidjra, die Flucht bzw. die Auswanderung aus Mekka war zu Ende – eine neue Zeit begann für die Muslime, auch im wörtlichen Sinn, denn ab dem Jahr 638 wurde die Zeit neu gerechnet. Dabei wurde die Ankunft in dem kleinen Ort Quba auf den Anfang des Jahres vorverlegt und somit der 16. Juli 622 als Beginn einer neuen Zeitrechnung festgesetzt. Muhammad blieb vier Tage in Quba, nach dieser Zeit brach er auf und ritt in Yathrib ein – begleitet von einer Reitereskorte. In der Rechten hielt er das Schwert. Der Machtanspruch war unübersehbar.

Staatsmann und Kriegsherr[107]

Die Auswanderung bildete einen tiefen Einschnitt im Leben Muhammads. Von nun an hatte er viel stärker für seine Gemeinschaft zu sorgen. Durch die wachsende Zahl seiner Gefolgschaft musste er eine soziale Ordnung auf die Beine stellen – eine Ordnung, deren Solidarität nicht mehr auf der Blutsverwandtschaft, sondern auf dem gemeinsamen Glauben gründete. Die neue „Familie“, die die Auswanderer wie auch die verfeindeten Stämme in Medina verbinden konnte, war von nun an die Umma, die einheitliche Gemeinde des Islam. Die neue innere Einheit brauchte auch ein sichtbares äußeres Symbol: ein Heiligtum, eine Moschee. Als Ort dafür wurde die Stelle ausgesucht, an der das Kamel Muhammads am Tag seines Einzugs in Medina zum ersten Mal Halt machte. Um die islamische Gemeinschaft vor den äußeren Gefahren – und insbesondere vor der möglichen Vernichtung durch die ungläubigen Mekkaner – zu schützen, hat es immer wieder auch kriegerische Handlungen gegeben. Dabei verstand Muhammad diese Kämpfe vor allem als „Verteidigungskämpfe". Sobald die Gegner mit den Feindseligkeiten aufhören, sollen auch die Muslime zur Versöhnung bereit sein. Gegenüber den Feinden gilt es zudem, Gerechtigkeit walten zu lassen – auch wenn sie den Hass ihrer Feinde zu spüren bekommen. Im Besonderen gilt es, im Falle von kriegerischen Handlungen „nicht maßlos im Töten" zu sein (vgl. Sure 17,33).

Bis zu seinem Tod unternahm Muhammad von Medina aus über siebzig Kriegszüge, viele unter ihnen waren nur kleine Scharmützel, einige von ihnen verliefen sogar im Sande. Andere wiederum waren Plünderungen von Karawanen, um den Lebensunterhalt zu sichern. Ein sehr nachdenklich stimmendes Geschehen ereignete sich dabei nach dem „Grabenkrieg" im Jahr 627 n. Chr. Den Muslimen gelang es, durch eine strategische Meisterleistung des Persers Salman ihre Stadt von der Belagerung durch 10.000 Krieger aus Mekka zu befreien. Während der Belagerung kooperierten jedoch Juden aus Medina (die „Banu Quraiza") mit den Mekkanern und wurden für die Muslime deshalb zur lebensgefährlichen „inneren Bedrohung". Aus diesem Grund richtete sich das Heer Muhammads nach dem Grabenkrieg gegen diesen Stamm und die Banu Quraiza mussten bedingungslos kapitulieren. Sie durften die Stadt selbst unter Zurücklassung ihres Habs und Gutes nicht verlassen. Was sie erwartete, war der Tod. Die mit den Banu Quraiza schon seit vorislamischen Zeiten verbündeten Aus baten jedoch Muhammad darum, bei seiner Entscheidung über den Stamm Milde walten zu lassen, weshalb dieser ihnen anbot, die Entscheidung einem ihrer Stammesmitglieder zu übertragen. Als alle Parteien diesem Vorschlag zugestimmt hatten, erwählte Muhammad Sa'd ibn Mu'adh als Richter. Dieser entschied, dass die Männer der Quraiza getötet, ihr Besitz unter den Muslimen verteilt und ihre Frauen und Kinder in die Sklaverei verkauft werden sollten. Das Urteil wurde am darauf folgenden Tag vollstreckt. Der vorislamische Dichter Zuhair ibn Abi Sulma hat die Gesinnung der damaligen Zeit einmal so zusammengefasst: „Wer nicht Leid zufügt, dem wird Leid zugefügt."

Anweisungen, die dem Frieden dienen

Der Koran enthält nicht nur Ermahnungen an die Adresse der Muslime, für die Sache Gottes zu kämpfen, sondern er enthält auch Anweisungen, die dem Frieden und der Friedenssuche eine deutliche Priorität vor Kriegshandlungen einräumen. So ist etwa nach dem Koran das Gespräch ein bevorzugtes Mittel, um beispielsweise die Menschen zur Annahme des Glaubens zu führen: „Rufe zum Weg deines Herrn mit Weisheit und schöner Ermahnung auf, und streite mit ihnen auf die beste Art" (Sure 16,125). Auch soll der Muslim nicht ausfällig werden gegen die „Götzen der Polytheisten". Ebenso empfiehlt der Koran, mildes Entgegenkommen zu zeigen, um Gleichheit in der Ausgangsposition zwischen den Muslimen und ihren „Widersachern" herzustellen. Sollte aber die Diskussion den Ungläubigen einen Anlass geben, mit den Versen Gottes ihren Spott zu treiben, so soll man das Gespräch verweigern, bis sie ein anderes Thema einbringen – oder man soll sie einfach stehen lassen. Im Koran findet sich schließlich die bemerkenswerte Sure 5,48, die gerade für das Zusammenleben der Religionen eine große Bedeutung hat. Mit Blick auf die drei „abrahamitischen" Religionen (Judentum, Christentum, Islam) stellt der Koran fest: „... Und wenn Allah gewollt hätte, hätte Er euch zu einer einzigen Gemeinde gemacht. Er wollte euch aber in alledem, was Er euch gegeben hat, auf die Probe stellen. Darum sollt ihr um die guten Dinge wetteifern."

„Abrahamisierungsprojekt"

Was die Beziehungen der islamischen Gemeinde zu den Nicht-Muslimen, vor allem zu den Juden in Medina, anbelangt, so versuchte Muhammad zunächst, die Unterstützung der Juden für seine Predigt und für seine politischen Ziele zu gewinnen. Etwa die Hälfte der Bevölkerung Medinas waren ja Juden. Zunächst glaubte Muhammad, dass dies leicht sein werde: Er predigte denselben Monotheismus, er berief sich auf Abraham, erkannte die Tora des Mose und die Propheten des Alten Testaments an. Um ein Zeichen seiner Zugehörigkeit zur biblischen Tradition zu setzen, hatte er den Muslimen vorgeschrieben, sich beim Gebet nach Jerusalem zu richten. Muhammad empfahl auch die Teilnahme am Jom-Kippur-Feiertag (Tag der Versöhnung), übernahm einige der Essensverbote, legte das wöchentliche Gebet auf den Freitag, den jüdischen Rüsttag zum Sabbat.

Versuchte Muhammad zunächst noch, die Unterstützung der Juden für seine Predigt und für seine politischen Ziele zu gewinnen, stieß er bald an seine Grenzen. Denn die Juden hielten ihm vor, er würde die Geschichten der Propheten nicht fehlerlos wiedergeben, seine Predigt würde nicht in allen Punkten mit dem jüdischen Glauben und seine Gesetzgebung nicht in allen Punkten mit der Tora übereinstimmen. Außerdem sei die Berufung auf Abraham und Mose noch lange keine Bestätigung der Echtheit seiner Sendung. Darüber hinaus sahen die Juden ihre Interessen eher durch die Verbindung mit den Mekkanern gewahrt als durch die Freundschaft mit Muhammad.

Nach vergeblichen Versuchen, sich die Unterstützung der Juden zu sichern, wandte sich Muhammad schließlich von ihnen ab. Er vollzog dabei zwei Schritte, die ihm und dem Islam die Selbstständigkeit sicherten. Der erste Schritt war theologischer Natur: Jenseits der Ansprüche von Juden und Christen, die einzige heilsame Religion zu haben, berief er sich endgültig auf die Religion Abrahams, des „Vaters aller Gläubigen". Diese vermeintlich „reine" Religion, die noch von keiner Gesetzgebung und keinen Zusätzen verdeckt und vor allem von keiner Religionsgemeinschaft aufgenommen und allmählich verfälscht worden sei, ist danach die wahre Religion. Diese bestand folglich schon vor dem Christentum und vor dem Judentum. Der zweite Schritt der Verselbstständigung des Islam war religiöser und politischer Natur zugleich. So erklärte Muhammad, dass das Hauptheiligtum Arabiens, die Kaaba in Mekka, auf die Tätigkeit Abrahams zurückgehe. Die Kaaba sei gar kein heidnisches Heiligtum, denn sie sei von Abraham und seinem Sohn Ismael als Heiligtum für die Araber und die Muslime (!) gebaut worden. Entsprechend sei die Gebetsrichtung auch nach der Kaaba auszurichten

Die Eroberung Mekkas[108]

Am Ende seines Wirkens gelang es Muhammad, Mekka zu erobern. Am 11. Januar 630 zog er in einer glanzvollen Formation als Sieger in die verlassenen Straßen Mekkas ein. Unter dem Jubel seiner Soldaten umrundete Muhammad die Kaaba auf seinem Kamel. Er zertrümmerte eigenhändig die Götzenstatuen und ließ im Inneren des Heiligtums die Bilder abwaschen. Vierzehn Tage lang kostete der Prophet seinen Triumph aus. Außer an zwei Personen übte er – wie versprochen – keine Rache, es gab keine Plünderung, keiner wurde zum Islam gezwungen. Im Jahr 631 erklärte Muhammad in feierlicher Form die Trennung der Gemeinschaft der Gläubigen von den Polytheisten. Der Zugang zur Kaaba, die nunmehr zum Heiligtum des Islam geworden ist, wurde jedem Nicht-Muslim verwehrt. In den Jahren 630 und 631 traten immer mehr arabische Wüstenstämme zum Islam über oder bekundeten ihre Treue. Die christlichen und jüdischen Enklaven im Norden der arabischen Halbinsel nahmen das Schutzangebot der Muslime an. Im März 632 unternahm Muhammad dann die erste reformierte Wallfahrt nach der neuen heiligen Stadt Mekka: Letzte Fragen nach den Riten wurden geklärt und aus den Bräuchen die heidnischen Wurzeln entfernt. Diese „Abschiedswallfahrt" bildet das Vorbild und das verpflichtende Muster aller islamischen Wallfahrten. So hatte der Islam endlich seine endgültige Gestalt gefunden, er hatte einen Mittelpunkt, ein geistliches Zentrum, welches das arabische und das biblische Erbe (Abraham) in sich vereinigte.

Muhammads Tod

Nach Medina zurückgekehrt, wurde Muhammad – der mit Plänen zur Eroberung des Nordens durch Feldzüge gegen Persien und das Byzantinische Reich beschäftigt war – krank. Am 8. Juni 632 starb er in den Armen seiner Lieblingsfrau Aischa. Noch in derselben Stunde soll der Streit um die Nachfolge begonnen haben. Die Leiche blieb etwa zwei Tage liegen, vermutlich konnte man sich nicht auf ein Zeremoniell einigen. Schließlich wurde er an der Stelle beerdigt, wo sein Sterbebett stand. Später wurde über dem Sterbeort eine große Moschee gebaut. Zum ersten Nachfolger (= „Kalif") Muhammads wurde Abu Bakr bestimmt, ihm folgten als „rechtgeleitete Kalifen" Omar, Otman und Ali.

Nach der Ermordung Alis im Jahr 661 war die Aufspaltung des Islam in Sunniten und Schiiten unaufhaltbar: Bei der Frage, wer der Nachfolger Muhammads bzw. der Kalifen sein soll, bestand die „Partei Alis" (Schiat Ali = Schiiten) auf der Blutsverwandtschaft mit Muhammad, während für die Sunniten die biologische Abstammung kein Kriterium für die Nachfolge war. Der allergrößte Teil der Muslime weltweit gehört heute zu den Sunniten.

Theologische Einschätzung[109]

Jahrhunderte lang war in der Geschichte der Christenheit Muhammad kritisch beäugt und der Koran verachtet worden. Heute darf die christliche Theologie – ohne die bleibenden Unterschiede zu verwischen! – zugestehen:

- Gemessen am damaligen sehr diesseitigen Polytheismus wurden die alt-arabischen Stammesreligionen durch die Verkündigung Muhammads auf ein ganz anderes religiöses Niveau gehoben: auf das einer monotheistischen Hochreligion.
- Millionen Menschen haben von Muhammad – besser vom Koran –Inspiration, Mut und Kraft zu einem religiösen Neuaufbruch empfangen: zum Aufbruch in größere Wahrheit und tiefere Erkenntnis.
- Der Islam, insofern er die Grundbotschaft von dem einen Gott auf seine Weise einschärfen will, erwies sich für viele als eine große Hilfe (unabhängig von der religiösen Wahrheitsfrage).
- Von daher wäre zum Verhältnis Christentum und Islam grundsätzlich zu sagen: Christen und Muslime glauben an einen einzigen Gott – wenn auch mit ganz bestimmten und unverwechselbaren Akzenten. Neben den unübersehbaren und nicht zu verschweigenden Unterschieden gibt es elementare Gemeinsamkeiten, nicht zuletzt deshalb, weil beide Religionen aus dem gleichen religiösen „Stromsystem" kommen.

6.2 Der Koran

Im Mittelpunkt des Islam steht nicht eine Person, sondern ein Buch: der Koran[110]. Er ist die Heilige Schrift des Islam. Der Koran ist in arabischer Sprache und in einfacher, rhythmischer Reim-Prosa verfasst. Muslime glauben, dass er aus der „Umm al-Kitab“ entnommen ist, dem himmlischen Ur-Koran. In seiner gegenwärtigen Form besteht das Buch aus 114 Kapiteln (Suren). Jedes Kapitel ist in Verse eingeteilt. Die zeitlich früheren Suren sind im Allgemeinen die kürzeren und finden sich gegen Ende des Buches, die jüngeren und längeren Suren hingegen im vorderen Teil. Als älteste bzw. erste offenbarte Sure gelten Sätze aus der Sure 96 (Lies im Namen deines Herrn, der erschaffen hat, ...). Die Sure 1 des Koran heißt Fatiha. Sie enthält – wie eine Nussschale oder Ouvertüre – den Inhalt des ganzen Buches. Ihre sieben Verse lauten:

„1. Im Namen Allahs, des Allerbarmers, des Barmherzigen
2. Alles Lob gebührt Allah, dem Herrn der Welten,
3. dem Allerbarmer, dem Barmherzigen,
4. dem Herrscher am Tage des Gerichts!
5. Dir (allein) dienen wir,
und Dich (allein) bitten wir um Hilfe.
6. Führe uns den geraden Weg,
7. den Weg derer, denen Du Gnade erwiesen hast,
nicht (den Weg) derer, die (Deinen) Zorn erregt haben,
und nicht (den Weg) der Irregehenden.“

Jede Sure hat einen Namen, der sich in der Regel auf ein Thema oder ein Stichwort in ihr bezieht. Viele Suren spiegeln Ereignisse wider, andere beinhalten ad hoc-Urteile: So gibt es in 3,123 einen Hinweis auf die Schlacht von Badr oder in 2,158 erscheinen Anleitungen für die Pilgerfahrt. Die westliche Forschung hat die Suren in vier Zeiträume eingeordnet:

1. frühe mekkanische Suren: Sie sind hauptsächlich kurz – mit Eiden und Aufrufen an die Hörer, an den einen Gott zu glauben, ihn zu verehren sowie soziale Gerechtigkeit zu üben;

2. mittlere mekkanische Suren: Sie beziehen sich insbesondere auf die Zeichen Gottes in der Natur und der Schöpfung; Allah wir häufig als ar-Rahman (der Barmherzige) bezeichnet, während Geschichten von Bestrafungen von ungehorsamen und ungläubigen Leuten aus früheren Zeiten eine große Rolle spielen;
3. späte mekkanische Suren: Sie sind länger und weniger poetisch und enthalten Predigten und Erzählungen;
4. medinische Suren: sie sind stärker gesetzgeberisch und erzählender Natur und reflektieren die Situation der Muslime, das Wachstum und die Entwicklung der neuen Gemeinschaft.

Es ist nicht möglich, den Inhalt des Koran auf kurze Formeln zu bringen. Fünf immer wiederkehrende Hauptthemen lassen sich aber benennen: 1. Die Einzigartigkeit und Barmherzigkeit Gottes; 2. die Pflichten der Muslime; 3. biblische Gestalten wie Adam, Noah, Abraham, Mose, Jesus und Maria; 4. Gericht, Hölle, Paradies; 5. Muhammad. Die meisten Muslime glauben, dass während der Lebenszeit Muhammads Teile des Koran nach seinem Diktat niedergeschrieben wurden. Die erste Sammlung wurde jedoch von Muhammads Schreiber und Adoptivsohn Zaid angelegt – unter dem Kailfat des Abu Bakr (632–634). Diese Papierblätter wurden Eigentum des Abu Bakr. Sie gingen 634 auf Omar über und dann bei seinem Tod (644) auf seine Tochter Hafsa, eine Witwe Muhammads. Unter dem Kalifen Otman wurde von Zaid und einigen anderen – auf der Grundlage des Exemplars, das sich im Besitz der Hafsa befand – eine Abschrift angefertigt. Es wurde angeordnet, alle anderen schriftlichen Versionen einzelner Teile zu vernichten. Damit wurde innerhalb von etwa 30 Jahren nach Muhammads Tod ein endgültiger Text erstellt, der bis auf den heutigen Tag beinahe unverändert geblieben ist.

Zu den wichtigsten islamischen Wissenschaftsdisziplinen gehört seit Jahrhunderten die Koran-Exegese (Tafsīr), mit deren Methoden und Kriterien eine adäquate (und gerade nicht fundamentalistische) Auslegung der einzelnen Verse bzw. Suren im Koran ermöglicht werden soll. Als älteste Autorität auf dem Gebiet der exegetischen Literatur gilt Abd Allāh ibn Abbas (gestorben um 688 n. Chr.). Auf seine philologischen und exegetischen Erläuterungen zu Korantexten greifen die späteren Tafsīr-Werke oft zurück „In der zweiten Hälfte des 19. Jahrhunderts bricht mit al-Afgānī, der eine islamische Reformation forderte, der islamische Reformismus auf. Man begann, den Koran mit den Erfordernissen der Vernunft, den neuen wissenschaftlichen Erkenntnissen sowie gesellschaftlichen und politischen Entwicklungen in Verbindung zu bringen. Im Blick waren hier eine philologisch orientierte Koranauslegung sowie praktische moralische Anweisungen für muslimisches Verhalten im modernen Alltag. Dementsprechend soll der Koran in dieser Sichtweise als ethischer Wegweiser gelesen werden. Im 20. Jahrhundert haben sich neue Tendenzen in der Koran-Auslegung herausgebildet, die sich teils in der klassischen Exegese, teils außerhalb befinden. Insbesondere wird dabei der einzigartige Charakter des Koran als endgültiger Offenbarung betont. Reformer heben die Vernunftgemäßheit des Koran hervor. Viele Koranauslegungen bestehen auf sozialen Werten wie Menschenwürde und Kampf für soziale Gerechtigkeit sowie die moralischen Aspekte des Lebens: Freiheit und Verantwortung des Menschen, Rechte und Pflichten, Bedarf an moralischer Orientierung. Andererseits entstehen auch neue Formen außerhalb der klassischen Koran-Exegese, wie spirituelle Exegese, reformerische Exegese oder eine politisch-aktivistische Exegese."[111] Von großer Bedeutung für ein adäquates Verstehen ist bis heute das Wissen um die jeweiligen historischen Anlässe der „Herabsendungen" bestimmter Koran-Verse.

Andere wichtige Schriften: Sunna, Hadith, Sira

Da der Koran nicht alle Fragen des Lebens gleich ausführlich behandelt, hielten und halten sich viele Muslime neben dem Koran an die „Sunna". In ihr findet sich das, was

Muhammad gesagt, getan oder stillschweigend akzeptiert hat. In der islamischen Geschichte trat schon früh die Sunna neben den Koran. Die Berichte über Verhalten und Worte Muhammads wurden in den sogenannten „Hadithen" gesammelt. In den Hadithen sind neben Aussprüchen und Taten des Propheten auch Berichte von seinen ersten Anhängern zu finden. Die erstmalig verfassten Hadithbücher sind die „Sehah Setta", das heißt sechs Büchersammlungen wie u. a. die von Buhari, Muslim und Termezi. Diese wurden alle über 200 Jahre nach dem Tod Muhammads geschrieben. Daher galt es, sorgsam über den Authentizitätsgehalt der Überlieferungen zu reflektieren. Entsprechend der Vollständigkeit der Überlieferungs-Kette und der Zuverlässigkeit der Gewährsleute wurden die Hadithen in drei Kategorien eingeteilt: 1. sahih – echt, authentisch; 2. hasan – gut, aber nicht einwandfrei zuverlässig; 3. dhai`if – schwach, bedenklich. Etwa 150 Jahre nach dem Tod Muhammads wurde die erste „Sira" (Biografie) geschrieben. Die älteste Sira ist von Ibn Ishaq, einem Historiker. Eine andere wichtige Sira ist die Sira von Ibn Hischam.

Scharia

Da der Islam nicht nur persönliche Gottesverehrung, sondern immer auch Politik und verbindliches Recht ist, wurden aus Koran und Sunna die Rechtsnormen des islamischen Gesetzes abgeleitet (die Scharia). Dabei achtete bzw. achtet das Gesetz darauf, dass die religiösen Verpflichtungen des Einzelnen gegenüber Gott, d. h. gottesdienstliche Handlungen, erfüllt werden sowie alle Beziehungen des Einzelnen zu seinen Mitmenschen. Diese „gegenseitigen Beziehungen" haben stets dem Gesetz zu entsprechen. Die Scharia ist jedoch kein festgeschriebenes Gesetzbuch, vielmehr muss jeder Fall nach den Quellen und den Regeln der Rechtslehre (z. B. Konsens, Analogieschluss etc.) immer neu erörtert und entschieden werden. Um Glaubensfragen im engeren Sinne kümmert sich die Scharia nicht. Dementsprechend finden sich in der Scharia Grundlagen des islamischen Rechts sowie Prinzipien zur Ableitung von Rechtsnormen. Neben den Regeln bezüglich der gottesdienstlichen Handlungen gibt es ebenso Regeln bezüglich der sozialen Angelegenheiten. Aber auch wichtige Erkenntnisse der islamischen Philosophie und der Ethik gehören zu ihr.

6.3 Sechs Glaubensartikel und fünf Säulen

Der Islam versteht sich als „Din", d. h. als Religion und eine alles umfassende Lebensweise. Dementsprechend geht es im Islam um eine äußerliche Bekundung des Glaubens, um die innere Überzeugung hinsichtlich des Geglaubten und die Umsetzung dessen im alltäglichen Leben. Sechs Glaubensinhalte (Arkan ul Iman) sind dabei von besonderer Bedeutung:

- der Glaube an die Einheit Gottes
- der Glaube an die Engel
- der Glaube an die Heiligen Bücher wie Tora, Psalmen, das (!) Evangelium und an den Koran
- der Glaube an die Propheten wie Adam, Abraham, Moses, Jesus und Muhammad
- der Glaube an den Jüngsten Tag
- der Glaube an die Bestimmung von Gut und Böse.

Für jeden Muslim und jede Muslima gibt es eine Handvoll grundlegender praktischer Verpflichtungen: die fünf Säulen des Islam (Arkan ul Islam)[112]. Sie prägen und umrahmen das Leben. Die fünf Säulen bestehen aus: Glaubensbekenntnis, Gebet, Sorge für die Bedürftigen, Fasten bzw.

Selbstreinigung und die Pilgerfahrt nach Mekka für die, die dazu in der Lage sind.

Die Bezeugung des Glaubens (vgl. Sure 1)

Die erste Säule besteht in der Bezeugung des Glaubens. Dieses Bekenntnis heißt auf arabisch „schahada". Die schahada lautet: „Ich bezeuge, dass es keinen Gott gibt außer Allah, und ich bezeuge, dass Muhammad sein Gesandter ist". Das Glaubensbekenntnis wird einem Kind nach der Geburt ins Ohr geflüstert und auch beim Sterben hört es der bzw. die Gläubige wieder. Es wird mehrmals am Tag gesprochen. Jene Person, die dieses Bekenntnis vor Zeugen ausspricht, gilt als zum Islam übergetreten.

Gebet (z. B. Sure 24,58)

Dem fünfmal am Tag zu verrichtenden Gebet (arab. „salat"), das man sowohl allein als auch in der Gemeinschaft verrichten kann, gehen Reinigungen voraus, in der Regel mit Wasser. Das rituelle Gebet besteht aus der Rezitation einzelner Teile des Korans, begleitet von Körperhaltungen wie aufrechte Stellung, Verbeugung und Niederwerfung, die das Glaubensmoment der dienenden Hingabe verkörpern. Das rituelle Gebet schließt aber das freie Gebet nicht aus. Von besonderer Bedeutung – vor allem für die muslimischen Männer – ist das Mittagsgebet am Freitag.

Sozialabgabe (z. B. Sure 2,264)

An über achtzig Stellen erwähnt der Koran die Sozialabgabe bzw. Armensteuer (arab. „zakat") zusammen mit der Verpflichtung zum Gebet. Die wohlhabenderen Mitglieder der islamischen Gemeinschaft entrichten diese soziale Abgabe an die Bedürftigen. Die Armen und die Bittenden haben ein Anrecht auf das Vermögen der Gemeinschaft, damit die Reichtümer nicht nur unter denen umlaufen, die schon reich sind (vgl. Sure 59,7). Die Sozialabgabe – die andere Spendenformen nicht ausschließt – wird ausführlich in der islamischen Rechtswissenschaft behandelt. „Zakat" und eine Fülle zusätzlicher Bestimmungen sollen die Verantwortung der Menschen füreinander wecken und soziale Gerechtigkeit sichern. Unter anderem dient beispielsweise das Zinsverbot einer ausgleichenden Verteilung des Besitzes.

Fasten (z. B. Sure 2,185–187)

Fasten (arab. „saum") ist im Monat Ramadan für gesunde Menschen bzw. für nicht Schwangere und nicht Stillende Pflicht. Dabei enthält sich der bzw. die Fastende vom Beginn der Morgendämmerung bis zum Sonnenuntergang des Essens, Trinkens und geschlechtlichen Verkehrs. Genau so wichtig ist es, sich während des Fastens von üblen Worten, Werken und Gedanken fernzuhalten. Die Fastenzeit dient dazu, in meditativer Versenkung, Gebet und Selbstreflexion Zuflucht bei Allah zu suchen. Das Fasten stärkt zudem das Zusammengehörigkeitsgefühl der muslimischen Gemeinde. Die Wohlhabenden macht das Fasten auf die Situation der Notleidenden aufmerksam und bricht ihren Hochmut und ihren falschen Stolz.

Pilgerfahrt (z. B. Sure 2,197f)

Bei der alljährlichen Wallfahrt (arab. „hajj") versammeln sich Millionen von muslimischen Frauen und Männer in Mekka und Umgebung. In verschiedenen rituellen Handlungen folgen sie den Ursprüngen der islamischen Botschaft und vollziehen eine Art „Passionsspiel Abrahams": Das Umschreiten der Kaaba in Mekka, die nach islamischem

Verständnis von Abraham und Ismael errichtet wurde; das Verweilen im geschichtsträchtigen Tal von Arafat; die sinnbildliche Steinigung des Satans; das abschließende Opfer – all das verbinden die muslimischen Pilger in eindrucksvoller Weise mit ihrer Tradition des „reinen Monotheismus". Die Pilgerfahrt gilt als Symbol der muslimischen Einheit. Die Versammlung von Gläubigen aus aller Welt bietet Gelegenheit, einander kennenzulernen, Probleme gemeinsam zu beraten und die Eintracht zu stärken.

6.4 Gemeinsamkeiten und Unterschiede

Christen und Muslime sind in religiöser Hinsicht miteinander verwandt – wie Cousins und Cousinen[113]. Diese Verwandtschaft hängt mit der „Familiengeschichte" der nahöstlich-prophetischen Religionen zusammen. So wie das Christentum ohne Judentum nicht denkbar ist, ist der Islam ohne jüdischen und christlichen Einfluss undenkbar. Trotz der unverwechselbaren Profile der einzelnen Religionen gibt es daher Berührungspunkte und Gemeinsamkeiten der drei großen monotheistischen Religionen.

Was uns verbindet

Glaube an einen Schöpfer-Gott und an die Auferstehung von den Toten

Als erstes verbindet der Glaube an den einen Gott. Auch für Muslime ist dieser Gott Schöpfer der Welt, er gilt als barmherzig und gnädig. So wie Christen hoffen Muslime auf eine Auferstehung von den Toten. Dabei sind sie sich ebenfalls bewusst, dass der Mensch sein Leben vor Gott einmal zu verantworten hat.

Glaube an Gott hat Konsequenzen für das Leben

Der Glaube an den einen Gott hat Konsequenzen für das eigene Handeln, im privaten wie im gesellschaftlichen Bereich. Es gilt daher nicht nur das Wort „Gott" im Mund zu führen, sondern gott-gemäß zu leben. Dementsprechend anerkennen Muslime den Wert und die Verbindlichkeit von Geboten und Normen für ein gutes Zusammenleben. In der Sure 17,22–38 finden sich Gebote wieder, die aus den Zehn Geboten des Alten Testaments vertraut sind.

Glaube braucht konkrete Gestaltungsform

Im Islam gibt es die „fünf Säulen": Bezeugung des Glaubens, Gebet, Sozialabgabe, Fasten, Wallfahrt. Diese Säulen stehen dafür, dass der Glaube sich in bestimmten Formen realisieren, zeigen, verdeutlichen muss. Auch Christen wissen darum, dass der Glaube schrumpfen oder gar verloren gehen kann, wenn er nicht konkretisiert wird: Es braucht das gemeinsame „Zusagen" und sich Verwurzeln im Glauben. Zentral für Christen ist ebenfalls das Gebet. Das Vaterunser ist für Jesus der entscheidende Weg, wie die Größe, Weite, Tiefe und „Menschlichkeit" Gottes auf die Menschen „abfärben" kann. So wie im Islam gibt es im Christentum eine enge Verbindung zwischen Gebet und Hinwendung zu den Armen. Gemeinsam ist auch die hohe Wertschätzung des Fastens, das den Menschen „reinigt" und Wesentliches wieder in den Blick rückt. Nur die Wallfahrt hat für Christen nicht eine ähnliche Bedeutung wie für Muslime.

Glaube als neue Lebensweise

Muslime sehen in ihrem Glauben mehr als eine Religion, sie bezeichnen den Islam als „Din", als Lebensweise bzw. Lebenskultur. Durch die Taufe steigen Christen ebenfalls in eine neue „Lebensweise" ein – ihr Leben, ihr Alltag, ihr Handeln, Denken und Fühlen hat ein „österliches Vorzeichen" bekommen.

Was uns trennt

Offenbarungsverständnis

Die Unterschiede zwischen Christentum und Islam hängen im Besonderen mit einem unterschiedlichen Offenbarungsverständnis zusammen: Im Islam kommuniziert der in der Ferne bleibende Gott vorrangig über Sätze (Suren) mit den Menschen. Ihre unverfälschte Weitergabe im Koran garantiert für Muslime den authentischen Willen Gottes. Für Christen hingegen kommuniziert Gott vitaler und fundamentaler. Er macht sich in der Lebensgeschichte eines ganz bestimmten Menschen fest: In den Spuren Jesu ist Gott erfahrbar. Das heißt: Mit Blick auf Jesus wird auf besondere Weise ersichtlich, worum es Gott geht, wie Gott ist, wie er zur Welt und den Menschen steht, was ihn bewegt. Das „Zeugnis der Zeugen" (Neues Testament, insbesondere die vier Evangelien) hält diese vitale und fundamentale Gotteserfahrung in Jesus für die nachfolgenden Generationen fest.

Im „Zeugnis der Zeugen" begegnet den Christinnen und Christen das Wort Gottes selbst. Wichtig ist dabei, dass die Mitarbeit von Menschen bei der „Schriftwerdung des Wortes Gottes" nicht als „Verfälschung" der Offenbarung gesehen wird. In der dogmatischen Konstitution über die göttliche Offenbarung „Dei Verbum" halten die Väter des Zweiten Vatikanischen Konzils fest: „Zur Abfassung der Heiligen Bücher hat Gott Menschen erwählt, die ihm durch den Gebrauch ihrer eigenen Fähigkeiten und Kräfte dazu dienen sollten, all das und nur das, was er – in ihnen und durch sie wirksam – geschrieben haben wollte, als echte Verfasser schriftlich zu überliefern. Da also alles, was die inspirierten Verfasser ... aussagen, als vom heiligen Geist ausgesagt zu gelten hat, ist von den Büchern der Schrift zu bekennen, dass sie sicher, getreu und ohne Irrtum die Wahrheit lehren, die Gott um unseres Heiles willen in heiligen Schriften aufgezeichnet haben wollte." (Die Verbum, Kapitel 3)

Der Unterschied in der Kommunikation Gottes mit den Menschen spiegelt sich bis in die Feste hinein wider: Am Ende des Ramadan feiern die Muslime in der Nacht der Inspiration die Buchwerdung. Zu Weihnachten feiern Christen in der Heiligen Nacht die Menschwerdung. Während für Muslime der Satz gilt „Das Wort wurde Buch“, gilt für Christen der Satz „Das Wort wurde Fleisch“.

Jesus-Bild[114]

Der Koran spricht öfters und stets auf sympathische Weise von Jesus von Nazaret. Untersucht man jedoch die christlich relevanten Texte des Koran, so ergibt sich: Alles Material, das sich im Koran über Jesus findet, ist unübersehbar durch Muhammads intensive prophetische Erfahrung von dem einen Gott hindurch gegangen und entsprechend umgestaltet worden. So kehrt beispielsweise Maria in der Geburtserzählung des Koran (Sure 19,16–33) nach der Geburt Jesu unter einer Dattelpalme in die Stadt zurück. Dort wird sie von ihren Angehörigen der „Hurerei“ beschuldigt. Da beginnt das neugeborene Kind zu sprechen und erklärt, dass es von Gott gesandt sei, um „das Buch“ bzw. das vom Himmel herab diktierte Evangelium zu bringen und als Prophet den Menschen zu predigen. Es werde später auch zum gemeinsamen liturgischen Gebet (salât) sowie zum Geben der Sozialabgabe (zakât) anleiten. Jesus habe deshalb seine Mutter zu ehren und zu schützen. Das, was Jesus in diesem „Sprachwunder“ von sich gibt, ist eine Beschreibung seiner zukünftigen Aufgaben als Diener Gottes (Abd'allah) – ganz nach muslimischem Verständnis. So gesehen brauchte Muhammad Jesus in keiner Weise zu widersprechen: Jesu Predigt ist auch die seine, Jungfrauengeburt sowie Wundertaten werden neidlos zugestanden. Außer dem einen: Jesus dürfe nicht zum Gott gemacht bzw. als ein zweiter Gott neben den einen Gott gestellt werden.

Ein Blick in die Evangelien zeigt deutlich, dass die Sendung Jesu hier anders verstanden wurde. Diese bestand nicht darin, die Tora bzw. die Gesetze zu bestätigen bzw. ein entsprechendes Buch zu bringen. Worum es Jesus ging, war vielmehr das Reich Gottes erfahrbar zu machen. Jesus stand daher aller Gesetzlichkeit entgegen, wenn dadurch der Zugang zu Gott und zum Mitmenschen auf der Strecke blieb bzw. versperrt wurde. Deutlich und eindrucksvoll zeigt Jesus das mit seiner Tempelkritik und seiner symbolischen Tempelreinigungsaktion während der letzten Tage in Jerusalem. Was Jesus forderte, war – über Gesetzlichkeit weit hinaus gehend – radikale Liebe, die auch den Feind miteinschließt. Was er brachte, war deshalb neu. In Markus 2,22 verwendet Jesus dafür das Bild vom neuen Wein und den neuen Schläuchen: „Auch füllt niemand neuen Wein in alte Schläuche. Sonst zerreißt der Wein die Schläuche; der Wein ist verloren und die Schläuche sind unbrauchbar. Neuer Wein gehört in neue Schläuche." Im Besonderen begegnet im Neuen Testament Jesus als jemand, der auf's Engste mit Gott verbunden ist. „Wer mich gesehen hat, hat den Vater gesehen", heißt es im Johannesevangelium (Joh 14,9).

Abschließend gesagt gilt wohl: Im Vergleich mit dem Jesus des Neuen Testaments ist das Jesus-Porträt im Koran allzu einlinig, allzu konturen-, ja weithin inhaltslos – abgesehen vom Monotheismus, der Bekehrungsaufforderung angesichts des Gerichts und einigen Wundergeschichten.

Kreuzestod und Auferstehung

Ein weiterer markanter Unterschied liegt schließlich in der Leugnung des Kreuzestodes Jesu. Für Muslime ist undenkbar, dass ein Gesandter Gottes auf solch brutale Weise umkommt. Von Anfang an war jedoch auch für Christen das Kreuz ein „schwerer Brocken" (1 Kor 1,23; Gal 3,13). Und dennoch wurden das Leiden und Sterben Jesu nie verschwiegen – im Gegenteil, es stand gemeinsam mit der

Auferweckung immer im Zentrum. Zum einen zeigt sich im Tod Jesu, dass nicht einmal die brutalste Gewalt Jesus von seinem Glauben an den menschenfreundlichen Gott abbringen konnte. Zum anderen begegnet im Gekreuzigten einer, der selbst mit leidet: Wo immer Sterbende Angst haben und Einsamkeit erfahren, kann der Blick auf den Gekreuzigten Mut machen, auf Gott zu vertrauen, der einen nicht fallen lässt. Das alles entscheidende Ereignis aber ist für Christen die Auferweckung Jesu von den Toten: Ohne diese Auferweckung wäre das Kreuz nur ein brutaler Akt geblieben und das Leben Jesu (als entscheidender Ort der Gottesoffenbarung) ein falsches Versprechen.

Die Erfahrungen mit Jesus und dessen Leben, Reich-Gottes-Praxis, Sterben und Auferstehen von den Toten haben im Laufe der Jahrhunderte im Christentum zum Bild des drei-einen Gottes geführt, zu einem Gott, der nicht aus einem fernen Himmel „spricht“, sondern der sich einlässt in die Welt. Muslime lehnen das Bild vom drei-einen Gott jedoch ab. Der Grund dafür ist ein – auch aus christlicher Perspektive – fragwürdiges Verständnis der Dreieinigkeit. Diese besteht in muslimischer Sicht aus Gott-Vater, der Gottesmutter Maria und Jesus, dem gemeinsamen Sohn Gottes.[115]

Andere Tabugrenzen

Im praktischen Zusammenleben fallen die Unterschiede besonders deutlich auf, etwa was den Umgang zwischen Männern und Frauen betrifft. Muslimas und Muslime sind im Umgang der Geschlechter viel vorsichtiger und zwischen nicht-verwandten Männern und Frauen wird in aller Regel ein Respektsabstand gehalten. Das Empfinden einer sexuellen „Schwelle“ ist hier viel sensibler. So kommt es nicht selten vor, dass muslimische Männer aus Respekt fremden Frauen nicht in die Augen sehen. Aus Unkenntnis wird das leider oft missverstanden und als Ignoranz gedeutet. Ein weiterer Unterschied zwischen Islam und Christentum besteht darin, dass es im Christentum keine

Speisevorschriften und Bekleidungsvorschriften für den Alltag gibt. Während im Islam etwa der Alkohol zur Gänze verboten ist, steht im Christentum sogar eine Wein-Zeremonie im Zentrum des Gottesdienstes. Vielleicht lässt sich darin eine unterschiedliche „Strategie“ entdecken: Wegen der nicht zu leugnenden Gefahr des Alkoholmissbrauchs zieht der Islam eine scharfe Grenze. Im Christentum hingegen liegt es im Verantwortungsbereich der Menschen, den Umgang mit Wein so zu kultivieren, dass er Ausdruck eines genussvollen Lebensstils wird – wohl wissend um die Folgen des Missbrauchs. Vielleicht kann von daher auch die unterschiedliche Art des sich Kleidens bzw. Verhüllens gesehen werden.

6.5 Islam und Christentum

In der „Erklärung über das Verhältnis der Kirche zu den nichtchristlichen Religionen“ (Nostra Aetate) schreibt das II. Vatikanische Konzil über die Beziehung zwischen der Katholischen Kirche zum Islam Beachtenswertes. In einer Zeit, in der der Islam pauschal schlecht gemacht wird und Ängste bewusst geschürt werden, tut es gut, sich die Stimmen der Konzilsväter wieder ins Bewusstsein zu rufen und das Gemeinsame vor das Trennende zu stellen. Anstelle von Angst und Misstrauen gilt es, Hochachtung und Respekt zu riskieren. Im Artikel 3 der Erklärung heißt es konkret:

Nostra Aetate

„Mit Hochachtung betrachtet die Kirche auch die Muslime, die den alleinigen Gott anbeten, den lebendigen und in sich seienden, barmherzigen und allmächtigen, den Schöpfer Himmels und der Erde, der zu den Menschen gesprochen hat. Sie mühen sich, auch seinen verborgenen

Ratschlüssen sich mit ganzer Seele zu unterwerfen, so wie Abraham sich Gott unterworfen hat, auf den der islamische Glaube sich gerne beruft. Jesus, den sie allerdings nicht als Gott anerkennen, verehren sie doch als Propheten, und sie ehren seine jungfräuliche Mutter Maria, die sie bisweilen auch in Frömmigkeit anrufen. Überdies erwarten sie den Tag des Gerichtes, an dem Gott alle Menschen auferweckt und ihnen vergilt. Deshalb legen sie Wert auf sittliche Lebenshaltung und verehren Gott besonders durch Gebet, Almosen und Fasten. Da es jedoch im Lauf der Jahrhunderte zu manchen Zwistigkeiten und Feindschaften zwischen Christen und Muslimen kam, ermahnt die Heilige Synode alle, das Vergangene beiseite zu lassen, sich aufrichtig um gegenseitiges Verstehen zu bemühen und gemeinsam einzutreten für Schutz und Förderung der sozialen Gerechtigkeit, der sittlichen Güter und nicht zuletzt des Friedens und der Freiheit für alle Menschen."

Muslimische Stellungnahmen

Es gibt seit Jahrzehnten verschiedene Stimmen aus dem Islam, die sich auf positive Weise mit dem Verhältnis zur westlichen Welt beschäftigen. Ganz diesem Ziel verschrieben haben sich im besonderen die bisherigen drei europäischen Imame-Konferenzen in Österreich (2003, 2006, 2010). So gelang es der Grazer Imame-Konferenz im Juni 2003, eine wichtige Basis bei der Standortbestimmung des Islam in Europa zu legen. Das hier durch mehr als 120 Delegierte aus 35 Ländern zum Ausdruck gebrachte Bekenntnis zu Demokratie, Rechtsstaatlichkeit, Pluralismus und die deutliche Verurteilung von Extremismus und Fanatismus wurde anhand islamischer Quellen dargelegt und in ganz Europa gerade in muslimischen Kreisen mit großer Zustimmung aufgenommen. Noch vor der zweiten gemeinsamen europäischen Imame-Konferenz im

Jahr 2006 trafen sich die österreichischen Muslime. Dabei wurde bei der Schlusserklärung unter dem Punkt „Gemeinsame Werte in Diversität" auch Wichtiges über das Verhältnis zwischen Islam und Christentum festgehalten:

> „Diversität ist in den europäischen Gesellschaften ein überall zu beobachtendes Phänomen. Ein Schlüssel zu einem nutzbringenden Umgang mit dieser Vielfalt ist die Einsicht, dass hier schließlich auch eine Gemeinsamkeit liegt, der größte gemeinsame Nenner zwischen MuslimInnen und Menschen anderer Religion oder Weltanschauung. Von Gemeinsamkeiten ausgehend erschließt sich der universale Charakter allgemein gültiger Werte, die die Qualität des menschlichen Zusammenlebens ausmachen. Was die Christen und Juden betrifft, so sind Jesus und Moses, Friede sei mit ihnen, gemäß dem edlen Koran und der Sunna große Gesandte aus dem Kreis der fünf größten Propheten in der Weltgeschichte. Auf ihren Spuren und Wegen ist unser edler Prophet Muhammad, Friede sei mit ihm, gegangen. MuslimIn ist nur, wer auch diese Propheten bezeugt. In einem universalen Rahmen gedacht, ist der Glaube der MuslimInnen an eine gleiche gemeinsame Abstammung aller Menschen die Grundlage für die Denkschule, die Menschlichkeit gleich der großen humanistischen Tradition als zentralen Wert in die Mitte rückt. Menschliche Verantwortung füreinander und für die Schöpfung kann nur greifen, wenn der Mensch als Mensch gleich betrachtet wird, ohne mit zweierlei Maß zu messen."[116]

Nach der europäischen Imame-Konferenz im Jahr 2006 fand die dritte und letzte europäische Konferenz für Imame und SeelsorgerInnen vom 14.–15. Mai 2010 in Wien statt. Ziele dieses Treffens waren[117]:

- die Hervorhebung der moderaten Orientierung als Hauptachse des originären islamischen Denkens,
- die Überwindung des Gewaltphänomens in den familiären, gesellschaftlichen und internationalen Beziehungen,
- die Entwicklung und Förderung der Frauenrolle bei der Gestaltung der Grundstrukturen von muslimischen Gemeinden in den europäischen Gesellschaften und die wissenschaftliche Qualifizierung muslimischer Frauen, um diese Rolle adäquat zu übernehmen,
- die Klarstellung des muslimischen Standpunktes in Bezug auf die gegenwärtigen und zukünftigen Entwicklungen auf europäischer Ebene,
- die Gestaltung der Beziehungen zwischen den Muslimen (Einheimischen und Immigranten) in Europa und ihren andersgläubigen MitbürgerInnen im Rahmen des Dialogs und des friedlichen Zusammenlebens.

Im Bericht über den Workshop „Interreligiöser und interkultureller Dialog – Chancen und Herausforderungen" wird festgehalten[118]:

> „... Vielfalt ist im Islam eindeutig positiv besetzt. Daher liegt der Gedanke nahe, dass ein fruchtbarer innermuslimischer Dialog gleichzeitig hilft, den interreligiösen und interkulturellen Dialog zu beleben. Doch bleibt es beim Lippenbekenntnis, kann Vielfalt nicht positiv in Erscheinung treten. Es bedarf der Bereitschaft, sich ein Stück in den anderen hineinzuversetzen. Dazu wiederum ist ehrliches Interesse und auch der Erwerb von Wissen notwendig. Dialog darf nicht mit Proselytenmacherei verwechselt werden. Wäre die Absicht darin begründet, andere Menschen unbedingt von der eigenen Glaubenswahrheit überzeugen zu wollen, läge ein schwerwiegendes Missverständnis vor. Verständnis für

den anderen zu entwickeln ist nicht zu verwechseln mit der Übernahme seines/ihres Standpunktes. Weil genau hier aber unterschwellig oft Ängste bestehen, entstehen Blockaden. Vielmehr dient Dialog dazu, Vertrauen zueinander aufzubauen und über das Erkennen von gemeinsamen Anliegen und Zielen auch gemeinsames Handeln und sich Einsetzen für das Allgemeinwohl zu ermöglichen. Der interreligiöse und interkulturelle Dialog hat unter Muslimen – gerade in Bezug auf die europäische Geschichte (Spanien, Sizilien) eine lange und positive Tradition. Auch aktuell sind viele Initiativen entstanden, die es verdienten, stärker ins allgemeine Bewusstsein zu treten, um zu Nachahmung anzuregen."

7. Zum Ausklang: Die Hoffnung auf eine „Symphonie der Religionen“

Christinnen und Christen stehen heute – wie am Beginn ihrer Geschichte! – einer Vielfalt von Religionen bzw. Ideen gegenüber, ohne jedoch entsprechend auf diese kulturelle und religiöse Globalisierung vorbereitet zu sein. Die abschließenden Gedanken möchten daher zu einer theologischen „Einordnung“ dieser Vielfalt beitragen und auf diese Weise Hilfe beim Annehmen und Gestalten dieser immer noch neuen Situation geben.

7.1 Das Verhältnis des Christentums zu anderen Religionen

Zwei Reaktionsweisen fallen dabei heute besonders auf: Es gibt Menschen, die sich angesichts der ungewohnten pluralen Situation in der eigenen Tradition einkapseln, und andere wiederum sind so fasziniert durch das Fremde, dass sie die eigene Tradition aufgeben oder weitgehend relativieren.[119] Diese beiden Reaktionsweisen sind nicht zielführend: Christinnen und Christen, die ihre Identität durch Abschottung sichern wollen, lehnen nämlich beim anderen das ab, was sie von *vornherein* für unbedeutend halten – ohne es überhaupt oder ausreichend zu kennen. Eine Religion bleibt aber gerade im Öffnen, im Austausch, in der „Osmose“ lebendig (vgl. das Gleichnis vom Sauerteig: Mt 13,33; Lk 13,20–21). Ebenso kurzsichtig handeln Christinnen und Christen, die allzu schnell das eigene Erbe aufgeben, ohne sich vielleicht ernsthaft damit auseinandergesetzt zu haben. Die Flucht zum Neuen programmiert dann wiederum das Uninteressantwerden dieses Neuen durch ein „Neueres“. Ob hier Religion wirklich dem Leben hilft, in die Tiefe und Weite geht, ist fraglich. Eine tragfähige religiöse Identität wird wohl in beiden Fällen verfehlt.

Konsequenzen für den interreligiösen Dialog

Wenn weder das forsche Absolutsetzen noch das schnelle Aufgeben des Eigenen zielführend sind, was ist dann der richtige Weg? Ich denke, es ist der Weg dazwischen, denn: Das Ja zum eigenen Glauben verträgt sich mit einem offenen und neugierigen Hinhören auf die Erfahrungen Andersgläubiger. Wir Christen dürfen ruhig fragen, wie diese so anderen Erfahrungen sich zu den unseren fügen, welches Licht diese anderen Erfahrungen auf unseren Weg werfen. Der Dialog mit Andersgläubigen relativiert das Christliche also keineswegs, im Gegenteil. Es geht im interreligiösen Gespräch darum, dass jeder das besser versteht und darin mehr Klarheit findet, wohin er unterwegs ist, wozu er glaubend „Ja" sagt. Wichtig ist aber auch, dass bei diesem Dialog Menschen auch „Nein" sagen dürfen – sie müssen und sollen nicht alles bejahen.[120] Es soll und kann also Raum geben für andere Erfahrungen und Erlösungswege, ohne dass dadurch die Gültigkeit und Kraft der eigenen Überzeugung geschwächt wird. Gottes Heilswirken – davon ist christlicher Glaube überzeugt – ist universal, Gottes heilvolle Nähe ist allen Menschen zugesagt. Es gibt daher auch tiefe und wahre Erfahrungen in anderen Religionen. Als Grundsatz für den interreligiösen Dialog kann daher gelten: Nichts Wertvolles soll in den anderen Religionen negiert, aber auch nichts der eigenen Überzeugung Widersprechendes unkritisch akzeptiert werden. Wer tief in der eigenen Religion verwurzelt ist und einen lebendigen Glauben pflegt, braucht sich dementsprechend nicht zu verschließen. Das hat auch Auswirkungen auf der Ebene der theologischen Auseinandersetzung mit anderen Religionen.

Wie beurteilt das Christentum „fremde" Religionen?

Bisher gab es – grob gesprochen – zwei theologische Standpunkte bei der Beurteilung nicht-christlicher Religionen: das exklusive Modell und das inklusive Modell.

Das *exklusive Modell* betont die alleinige Heilsnotwendigkeit des christlichen Glaubens. Dieser Sichtweise entsprechend gibt es nur einen Weg zu Gott: der Glaube an Jesus Christus als Messias und die Nachfolge Christi. Vertreter des *inklusiven Modells* beanspruchen demgegenüber keine Alleingeltung mehr, denn: „Gott hat den Samen seiner Wahrheit in die Herzen aller gesenkt."[121]. Allerdings sind die Vertreter dieses Modells davon überzeugt, dass in Jesus Christus der Höhepunkt der Gottesoffenbarung begegnet.

In den letzten Jahren ist ein drittes Modell in den Vordergrund getreten: die *pluralistische Religionstheologie*. Die pluralistische Religionstheologie sieht alle Religionen als gleichwertige Wege zur Erlösung und Befreiung an. Christus spielt in dieser Theologie, in diesem Orientierungsmodell keine übergeordnete Rolle mehr. Er hat die gleiche Bedeutung wie Buddha, Krishna oder Muhammad. Hier liegt wohl das größte Problem des pluralistischen Ansatzes.[122] Christlicher Glaube kann nämlich nicht Christus in dieser Weise relativieren, ohne damit zugleich seine eigentliche Identität und Mitte preiszugeben. Jesus, der Christus, hat für Christinnen und Christen eben eine besondere Gültigkeit. In ihm begegnet und offenbart sich Gott – einmalig und unwiederholbar. Zugleich darf die Überzeugung, dass Christus „der Weg und die Wahrheit und das Leben" (Joh 14,6) ist, aber nicht zu einer Überheblichkeit führen. Es ist für Christinnen und Christen nicht notwendig, andere religiöse Wege abzuqualifizieren oder gering zu achten. Sehr schön hat das der philippinische Bischof Julio Labayen gesagt: „Unsere erste Aufgabe, wenn wir uns einer anderen

Kultur und einer anderen Religion nähern, ist es, unsere Schuhe auszuziehen, denn der Ort, den wir betreten, ist heilig."

Eine interessante Interpretation der drei Modelle (Exklusivismus, Inklusivismus, Pluralismus) bringt der evangelische Pfarrer und Theologe Ekkehard Wohlleben in die Diskussion ein. Dabei ist laut Wohlleben jeweils wichtig zu erkennen, auf welcher Ebene das entsprechende Modell anzuwenden ist. Auf der Ebene der persönlichen Glaubensgewissheit hat das exklusive Modell durchaus seine Berechtigung. Jemand wird Buddhist, Christ oder Moslem, weil eben Buddha, Muhammad oder Christus bzw. die damit verbundenen Wege für ihn letztlich maßgebend sind. Hier geht es um einen „persönlichen, inneren Exklusivismus". Auf der Ebene des Welthandelns Gottes wiederum ist die inklusive Sichtweise hilfreich. Weil Gott in der Welt handelt und allen Menschen als Vater nahe ist, deshalb gilt es, auch Gotteserfahrungen in den anderen Religionen anzuerkennen und wahrzunehmen. Auf der Ebene des universalen Handelns Gottes schließlich ist das pluralistische Modell anwendbar, da nämlich alle menschliche Gotteserkenntnis letztlich unvollständig bleibt. Darum darf sich auch niemand anmaßen, das Gericht Gottes – auch in der Beurteilung anderer Religionen – vorwegnehmen zu können. Bedingt durch die Größe und Unverfügbarkeit Gottes übersteigen dessen Wege und Möglichkeiten unsere Vorstellungen bei Weitem. So gesehen müssen die religionstheologischen Modelle nicht als strenge Alternativen gesehen werden.

7.2 Symphonie der Religionen – eine „unglaubliche" Hoffnung

Am Ende dieser Gedanken soll ein Hoffnungsbild von P. Josef Heer stehen, einem Comboni-Missionar. Dieser fand für sich vor allem durch den Kontakt mit Nicht-Christinnen und -Christen eine bemerkenswerte Sicht über Kirche und Reich Gottes,[123] die auf dem Gleichnis Jesu vom Senfkorn gründet (Mt 13,31–32).[124] Besondere Beachtung schenkt Heer dabei dem Baum im Senfkorn-Gleichnis. Dieser Baum ist nicht nur als Gegensatz zum kleinen Senfkorn gedacht, sondern von ihm wird gesagt, dass *„die Vögel des Himmels kommen und in seinen Zweigen nisten"*. Darin ist ein Bezug zur prophetischen Literatur zu entdecken (Ez 17,23; 31,6; Dan 4,1–30), denn auch hier wird von Bäumen gesprochen, die so groß werden, dass die Vögel des Himmels Platz haben. Der Baum gilt in diesen Texten demnach als Sinnbild für ein großes umfassendes Reich, während die Vögel für die vielen Völker stehen, die mit ihren Kulturen und Religionen in diesem großen Reich zusammenleben. Wenn Jesus nun dieses Bild aufgreift und auf das Reich Gottes bezieht, ist damit im Blick, dass Gott am Jüngsten Tag allen Völkern mit ihren Religionen (= Vögel des Himmels) Raum geben (= Baum) wird, sodass sie sich ihr Nest und ihre Heimat bauen können. „Dieser ‚Jüngste Tag' wird ja in biblischer Sicht die Offenbarung Gottes vor allen Menschen bringen: Gott wird dann als Richter alle, die ihn suchen, *aufrichten,* seien sie Juden oder Christen, Hindus oder Buddhisten, Muslime oder anderes."[125] Ähnliches verheißen andere visionäre Texte der Bibel, etwa der Prophet Jesaija. Hier hören wir, dass viele Völker einmal zum Berg des einen Gottes ziehen werden: Ihm werden sie die Ehre erweisen (Jes 2,1–4).

Literaturverzeichnis

Aronson, Martin, Jesus und Lao-Tse. Eine Botschaft zwei Stimmen, München 2002.

ASSMANN, Jan, Moses der Ägypter. Entzifferung einer Gedächtnisspur, München 1998.

BACHL, Gottfried, Der schwierige Jesus, Innsbruck-Wien, ^{2}1996.

BACHL, Gottfried, Gottesbeschreibung. Reden und Lesestücke, Mainz ^{2}2002.

BAUMANN, Christoph-Peter, Buddhismus, Eine Einführung, Regensburg 1999.

BERTHOLD, Johannes, Die Botschaft vom befreienden Gott, Eine Einführung in das Buch Exodus (Internetartikel).

BIESER, Eugen, Jesus. Sein Lebensweg in neuem Licht, Regensburg 2008.

BORG, Marcus, Jesus und Buddha, Worte, die unser Herz erleuchten, München 1999.

BOWKER, John (Hg.), Das Oxford-Lexikon der Weltreligionen, Düsseldorf 1999.

BÖSEN, Willibald, Der letzte Tag des Jesus von Nazaret. Was wirklich geschah, Freiburg/Br. 1994.

BRÄUER, Ernst, „… damit es Dir gut geht auf Erden – Impulse für die Politik aus den 10. Geboten“ (Vortragsmanuskript für die Reichersberger Pfingstgespräche 2006).

OTTO, Eckart, Mose. Geschichte und Legende, München 2006.

OTTO, Eckart, Der Dekalog im Horizont des Alten Orients, auf: http://www.neukirch-online.de/theologie-online/download/dekalog-otto.pdf.

Die Evangelien in der Einheitsübersetzung.

Faltblattserie „Muslime im Dialog“, Islamisches Zentrum Hamburg, 2001.

FISCHER, Georg, Das Mosebild der Hebräischen Bibel, in: OTTO, Eckart (Hg.), Mose. Ägypten und das Alte Testament, SBS 189, Stuttgart 2000, 84–120.

GRÜN, Anselm, Glauben als Umdeuten: glauben, lieben, loben (Münsterschwarzacher Kleinschriften, Band 32), Münsterschwarzach 1986.

GUARDINI, Romano, Der Herr, Würzburg 1951.

GUTHEINZ, Luis, Beiträge des Daoismus und Konfuzianismus zur Harmonie in Ostasien. Christen im Dialog mit konfuzianischem Denken und daoistischer Spiritualität, in: Religionen unterwegs, 3. Jg./Nr. 3. – September 1997 (Zeitschrift der Kontaktstelle für Weltreligionen in Österreich), 4–7.

HÄRING, Hermann, Hans Küng, Grenzen durchbrechen, Mainz 1998.

HENRIX, Hans-Hermann, Judentum und Christentum – Gemeinschaft wider Willen. Kevelaer ²2008.

HEER, Josef, Symphonie der Religionen? Eine „unglaubliche" Hoffnung. Anregung zur Bibelarbeit, in: Buddha und Jesus, Bibel heute (Zeitschrift des Katholischen Bibelwerks e.V. Stuttgart, 32. Jahrgang), Stuttgart 1996.

KASPER, Walter, Jesus der Christus, Mainz 1974.

KEHL, Medard, Eschatologie, Würzburg ³1996.

KESSLER, Hans, Sucht den Lebenden nicht bei den Toten. Die Auferstehung Jesu Christi, Würzburg 2002.

KHOURY, Adel Theodor, Mit Muslime in Frieden leben, Würzburg 2002.

KUSCHEL, Karl-Josef, Juden, Christen, Muslime. Herkunft und Zukunft, Düsseldorf 2007.

KÜNG, Hans, Christentum und Weltreligionen, München/Zürich 1984.

KÜNG, Hans, Credo. Das Apostolische Glaubensbekenntnis – Zeitgenossen erklärt, München ⁴1993.

KÜNG, Hans, Das Christentum. Wesen und Geschichte, Die religiöse Situation der Zeit, München ²1994.

KÜNG, Hans, Das Judentum. Wesen und Geschichte, München 2007.

KÜNG, Hans, Der Islam. Wesen und Geschichte, München 2007.

KÜNG, Hans, Spurensuche. Die Weltreligionen auf dem Weg, München 1999.

LIMBECK, Meinrad, Christus Jesus. Der Weg seines Lebens – ein Modell, Stuttgart 2003.

LUDWIG, Ralf, Sternstunden der Religion. Konfuzius, Buddha, Jesus, Mohammed, München 2000.

MAIER, Hans, Welt ohne Christentum – was wäre anders?, Freiburg/Br. ⁴2009.

MALEK, Roman, Das Tao des Himmels: die religiöse Tradition Chinas, Freiburg/Br., 1996.

MENSCHING, Gustav, Buddha und Christus – ein Vergleich, Stuttgart 1978.
NOSTRA AETATE, Erklärung über das Verhältnis der Kirche zu den nichtchristlichen Religionen; in: Rahner, Karl, Vorgrimler, Herbert, Kleines Konzilskompendium. Sämtliche Texte des Zweiten Vatikanums mit Einführungen und ausführlichem Sachregister, Freiburg/Br., ^{35}2008.
RÖMER, Thomas, Ein einzigartiger Vermittler, Die Biografie des Mose nach den biblischen Texten, in: Welt und Umwelt der Bibel – Mose (3/2006), Stuttgart 2006, 12ff.
SCHMIDT, Werner H., Mose, in: ANTES, Peter, Große Religionsstifter. Zarathustra, Mose, Jesus, Mani, Muhammad, Nanak, Buddha, Konfuzius, Lao Zi, München, 2004.
SCHÜTTE, Hans-Wilm, Lao Zi, in: ANTES, Peter, Große Religionsstifter, München 2004.
SÖDING, Thomas, Der Gottessohn aus Nazareth. Das Menschsein Jesu im Neuen Testament, Freiburg/Br. ^{2}2008.
STÖRIG, Hans Joachim, Kleine Weltgeschichte der Philosophie, Frankfurt/M. 1999.
THEISSEN, Gerd, MERZ, Annette, Der historische Jesus. Ein Lehrbuch, Göttingen ^{2}1997.
WEGMANN, Konrad, Herrschaft durch das Dao (Vortrag), auf: http://www.uni-leipzig.de/~ostasien/dao/wegmann.html (Stand 9. Jänner 2006).
WEISMAYER, Josef, Vorlesung „Das christliche Gottesbekenntnis – der eine und dreieine Gott" (Wintersemester 1996/97).
WERBICK, Jürgen, Soteriologie – Leitfaden Theologie 16, Düsseldorf, 1990.
WERBICK, Jürgen, Vom entscheidend und unterscheidend Christlichen, Düsseldorf 1992.
http://www.buddhismus-austria.at
http://www.derislam.at
http://www.europa-imamekonferenz.com
http://wapedia.mobi/de/Pentateuch?p=5
http://www.weltethos.org

Anmerkungen

1 Im Folgenden werden die Religionen Judentum, Buddhismus, Daoismus, Christentum und Islam skizziert. Diese Religionen sind zum Teil gesetzlich anerkannt (wie in Österreich) oder durch die Zahl ihrer Mitglieder gesellschaftlich nicht zu übersehen. Der Daoismus – obwohl institutionell bei uns kaum verankert – findet durch seine Betonung der „Harmonie" bei nicht wenigen Menschen Interesse.

2 Hans Küng, Das Christentum. Wesen und Geschichte, Die religiöse Situation der Zeit, München ^{2}1994, 73.

3 Das Parlament der Weltreligionen tagte vom 28. August bis zum 4. September 1993 in Chikago unter Beteiligung von 6500 Menschen aus allen möglichen Religionen.

4 http://www.weltethos.org/data-ge/c-10-stiftung/13-deklaration.php – Stand April 2012.

5 Vgl. hier wieder: http://www.weltethos.org/data-ge/c-10-stiftung/13-deklaration.php – Stand April 2012.

6 Hans Küng, Credo. Das Apostolische Glaubensbekenntnis – Zeitgenossen erklärt, München ^{4}1993, 88–90.

7 Ebd., 88.

8 Ebd.

9 Ebd., 89.

10 Ebd.

11 Ebd.

12 Ebd.

13 Ebd., 90.

14 Einen guten Überblick über diese verschiedenen „Leitfiguren" des Judentums findet man beispielsweise in: Hans Küng, Das Judentum. Wesen und Geschichte, München 2007 sowie in: Karl-Josef Kuschel, Juden, Christen, Muslime. Herkunft und Zukunft, Düsseldorf 2007.

15 Vgl. zum Folgenden: Thomas Römer, Ein einzigartiger Vermittler. Die Biografie des Mose nach den biblischen Texten, in: Welt und Umwelt der Bibel – Mose (3/2006), Stuttgart 2006, 12ff; Werner H. Schmidt, Mose, in: Peter Antes, Große Religionsstifter. Zarathustra, Mose, Jesus, Mani, Muhammad, Nanak, Buddha, Konfuzius, Lao Zi, München, 2004, 32–48;

Eckart Otto, Mose. Geschichte und Legende, München 2006; Kuschel, Juden, Christen, Muslime [s. Anm. 14], 334ff; Johannes Berthold, Die Botschaft vom befreienden Gott. Eine Einführung in das Buch Exodus (Internetartikel); Georg Fischer, Das Mosebild der Hebräischen Bibel, in: Eckart Otto, (Hg.), Mose. Ägypten und das Alte Testament, SBS 189, Stuttgart 2000, 84–120, 115.

16 Da sich im Laufe der Zeit das Verhältnis zwischen Midian und Israel verschlechterte, ist es undenkbar, dass die Bibel diese „Verbindung" erfindet. In so einem Fall hätte man sicher eine geeignetere Verbindung gewählt.

17 Im Vergleich zur Mosegeschichte sind beispielsweise die Adams- und die Noach-Geschichten als Verlust- und Vernichtungsgeschichten zu lesen.

18 Die folgenden Ausführungen basieren im Besonderen auf: Kuschel, Juden, Christen, Muslime [s. Anm. 14], Düsseldorf 2007.

19 Durch die Verpflichtung auf das Gottesgesetz werden dem Volk Israel hier nach seiner Befreiung aus Ägypten somit auch die Befreiung aus eigenen Interessen, Trieben und Gelüsten zugemutet.

20 Jan Assmann, Moses der Ägypter. Entzifferung einer Gedächtnisspur, München 1998.

21 Im Friedenswort der deutschen Bischöfe „Gerechter Friede" wird der Umgang der Bibel mit Gewalt bzw. der spannende Weg heraus aus der Gewalt gut verständlich nachgezeichnet.

22 Die folgenden Ausführungen beziehen sich auf die Arbeiten von: Eckart, Mose [s. Anm. 15]; ders., Der Dekalog im Horizont des Alten Orients, auf: http://www.neukirch-online.de/theologie-online/download/dekalog-otto.pdf (Stand: 2010); Ernst Bräuer, „... damit es Dir gut geht auf Erden – Impulse für die Politik aus den 10. Geboten" (Vortragsmanuskript für die Reichersberger Pfingstgespräche 2006); Kuschel, Juden, Christen, Muslime [s. Anm. 14], 411ff.

23 Zu den Ketuvim gehören: Psalmen, Sprichwörter, Ijob, Rut, Hoheslied, Kohelet, Klagelieder Jeremias, Ester, Daniel, Esra, Nehemia, Chronik.

24 In Anlehnung an http://wapedia.mobi/de/Pentateuch?p=5 (Stand: April 2012).

25 Nach http://wapedia.mobi/de/Pentateuch?p=5 (Stand: April 2012)

26 Das zeigt sich beispielsweise an der Verwendung von aramäischen Worten, vielen Diskussionen über das mosaische Gesetz oder die pharisäischen Traditionen.
27 Die Ausführungen in diesem Punkt basieren weitgehend auf dem Buch von: Hans-Hermann Henrix, Judentum und Christentum – Gemeinschaft wider Willen. Kevelaer [2]2008.
28 Den Titel Buddha können verschiedene Personen tragen, nicht immer ist damit Siddharta Gautama gemeint. Im weiten Feld der buddhistischen Richtungen wird z. B. innerhalb des Amitabha-Buddhismus der Mönch Dharmakara als Buddha/ Erleuchteter bezeichnet. So verschieden die Personen sind, die als Buddhas bezeichnet werden können, so verschieden sind auch die Arten von Buddhas. Während etwa Pratyeka-Buddhas ihre Einsichten nicht weitergeben, geben Sammasam-Buddhas ihre Einsichten weiter.
29 Die folgenden Darstellungen beziehen sich auf das Buch von Ralf Ludwig, Sternstunden der Religion. Konfuzius, Buddha, Jesus, Mohammed, München 2000, 84–173.
30 Kondanna geht in die Geschichte als der erste Jünger Buddhas ein. Buddha erfüllte ihm den Wunsch, ihn als Mönch aufzunehmen mit den zeremoniellen Worten: „Komm, o Mönch, gut erklärt ist die Lehre; wandle in Reinheit, um das Leiden völlig zu Ende zu bringen."
31 Die folgenden Darstellungen beziehen sich auf das Buch von Ralf Ludwig, Sternstunden der Religion [s. Anm. 29], 84–173.
32 Zum Folgenden vgl. ebd.
33 Die Darstellung der Lehre Buddhas orientiert sich an: Christoph-Peter Baumann, Buddhismus, Eine Einführung, Regensburg 1999.
34 Vgl. die Übersetzung in Ludwig, Sternstunden der Religion [s. Anm. 29].
35 Achtsamkeit ist das siebte Glied des edlen achtfachen Pfades, der erste Punkt der „Sieben Faktoren des Erwachsens" sowie die dritte der „Fünf Fähigkeiten" (Vertrauen, Energie, Achtsamkeit, Sammlung, Weisheit).
36 Vgl. www.theravada-buddhismus.at, Stand 29. März 2012.
37 Nach: Ludwig, Sternstunden der Religion [s. Anm. 29].
38 So enthalten beispielsweise die ersten vier Unterabteilungen des zweiten Korbes mehrere tausend Lehrreden (sutta) des Buddha.

39 Die folgenden Ausführungen orientieren sich an dem Buch von Küng, Hans, Christentum und Weltreligionen, München 1984, 411–614.
40 Die folgenden Ausführungen orientieren sich an dem Buch von Marcus Borg, Jesus und Buddha, Worte, die unser Herz erleuchten, München 1999.
41 Vgl. Küng, Christentum und Weltreligionen [s. Anm. 39], 411–614.
42 Nach: Gustav Mensching, Buddha und Christus - ein Vergleich, Stuttgart 1978.
43 In enger Anlehnung an: Küng, Christentum und Weltreligionen [s. Anm. 39], 460.
44 Vgl. http://www.buddhismus-austria.at (Stand: April 2012)
45 Die angegebene Gegenüberstellung basiert auf einer Tabelle im Internet, die ich vor Jahren ausgedruckt bzw. in einen Vortrag eingebaut habe. Trotz intensiver Recherchen konnte ich leider die Homepage bzw. die Vorlage nicht mehr im Internet finden.
46 Erst seit den 1950-er Jahren gibt es in Indien wieder eine kleine buddhistische Minderheit, die sogenannten „Ambedkar-Buddhisten". Diese buddhistische Richtung ist streng antihinduistisch.
47 Vgl. die Pressemitteilung „Hinduismus und Buddhismus nicht so friedfertig wie angenommen" des Exzellenzcluster „Religion und Politik" der Westfälischen Wilhelms-Universität Münster. Hier kommt der Religionswissenschaftler Prof. Dr. Perry Schmidt-Leukel auf das Verhältnis von Buddhismus und Hinduismus zu sprechen.
48 So Perry Schmidt-Leukel in der Pressemitteilung „Hinduismus und Buddhismus nicht so friedfertig wie angenommen".
49 Die folgende Darstellung des Hinduismus basiert weitgehend auf der Ausstellung der Stiftung Weltethos „Weltreligionen – Weltfrieden – Weltethos" (www.weltethos.org) sowie auf dem Buch: Hans Küng, Spurensuche. Die Weltreligionen auf dem Weg, München 1999, 51–95.
50 Küng, Spurensuche [s. Anm. 49], 54.
51 Ebd.
52 Die folgende Darstellung (sowohl in 4.1 als auch in 4.2) basiert weitgehend auf: Hans-Wilm Schütte, Lao Zi, in: Peter Antes, Große Religionsstifter, München 2004.

53 Diese hohe Tugend wirkt – so resümiert H.-W. Schütte – in der irdischen Welt nicht besonders prächtig. Im Gegenteil, der Heilige erscheint wie ein Bettler, ein Dummer, ein Verrückter, ein Stummer. Auch ist sein Leben nicht frei von Traurigkeit. Er leidet darunter, dass er unter den „Weltmenschen" nicht mehr heimisch ist, im Vergleich zu ihnen kommt er sich trübe und unnütz vor. Trost findet er beim nährenden Ursprung aller Dinge, der ebenso wirr und trübe ist wie er.

54 Vgl. Luis Gutheinz, Beiträge des Daoismus und Konfuzianismus zur Harmonie in Ostasien. Christen im Dialog mit konfuzianischem Denken und daoistischer Spiritualität, in: Religionen unterwegs, 3. Jg./Nr. 3.- September 1997 (Zeitschrift der Kontaktstelle für Weltreligionen in Österreich), 4–7.

55 In Anlehnung an: Hans Joachim Störig, Kleine Weltgeschichte der Philosophie, Frankfurt/M. 1999.

56 Für das Folgende vgl. Roman Malek, Das Tao des Himmels: die religiöse Tradition Chinas, Freiburg/Br., 1996.

57 Die folgenden Darlegungen orientieren sich weitgehend an: Hans-Wilm Schütte, [s. Anm. 52].

58 In Anlehnung an: Konrad Wegmann, Herrschaft durch das Dao (Vortrag), auf: http://www.uni-leipzig.de/~ostasien/dao/wegmann.html (Stand 9. Jänner 2006).

59 Dieses Ineinander von Daoismus und Buddhismus wird schon allein angesichts der Tatsache verständlich, dass die Übersetzer buddhistischer Werke aus Indien daoistisches Vokabular borgten. Mit dem Aufkommen des religiösen Daoismus begann somit eine Allianz zwischen dieser in China gewachsenen und der fremden, aus Indien stammenden Religion.

60 Die folgenden Ausführungen basieren auf dem Buch: Martin Aronson, Jesus und Lao-Tse. Eine Botschaft – zwei Stimmen, München 2002.

61 „Wer von euch weiß dies nicht bereits", fragt Jesus immer wieder. Wer von euch weiß zum Beispiel nicht, wer euer Nächster ist, wenn ihr in Schwierigkeiten seid? Wer von euch wird den Weizen zusammen mit dem Unkraut ausreißen? Lao-Tse verwendet den gesunden Menschenverstand, wenn er beobachtet, dass das Wasser, das Leben spendende Element, immer zur niedrigsten Ebene herabfließt, oder dass nicht einmal der stärkste Fels der Macht des weichen Wassers widerstehen kann.

62 Die folgenden Ausführungen basieren auf dem Buch: Aronson, Jesus und Lao-Tse [s. Anm. 60].
63 Gottfried Bachl, Gottesbeschreibung. Reden und Lesestücke, Mainz ^{2}2002.
64 Luis Gutheinz, Beiträge des Daoismus [s. Anm. 54]
65 Gottfried Bachl, Der schwierige Jesus, Innsbruck-Wien, ^{2}1996, 12.
66 Betlehem wurde wahrscheinlich erst im Nachhinein zum Geburtsort gemacht, um die besondere Heilsbedeutung Jesu als „Sohn Davids" und „Messias" hervorzuheben, galt doch Betlehem als die Stadt Davids.
67 Mit Brüder und Schwestern können sowohl die leiblichen Geschwister als auch Cousins und Cousinen gemeint sein.
68 Vgl. Meinrad Limbeck, Christus Jesus. Der Weg seines Lebens – ein Modell, Stuttgart 2003, 17ff.
69 Eine Wende in der Einstellung der Familie zu Jesus dürfte allerdings mit dem Ostergeschehen zusammen fallen. So nennt Paulus im wichtigsten Auferstehungszeugnis, wie Jesus nach den zwölf Aposteln auch dem Herrenbruder Jakobus erschien (1 Kor 15,7). Jakobus wurde später zu einer Leitfigur der Jerusalemer Urgemeinde. Aber auch von Maria und den anderen Brüdern wird berichtet, dass sie zur Jerusalemer Urgemeinde stießen (Apg 1,14) und nun an Jesus – den Auferweckten – glaubten.
70 Jürgen Werbick, Soteriologie – Leitfaden Theologie 16, Düsseldorf, 1990.
71 Medard Kehl, Eschatologie, Würzburg ^{3}1996.
72 Dieses vorbehaltlose Entgegenkommen zeigt sich z. B. in der Begegnung Jesu mit dem Zöllner Zachäus sehr gut – hier nimmt Jesus die Beziehung zum Zöllner auf, nicht umgekehrt! Und ebenso bekommt die Umkehr ein neues Gesicht: Sie besteht „einfach" in der bereitwilligen Annahme, im Sichschenken-Lassen dieser neuen Wirklichkeit (vgl. Mt 18,3: … wie die Kinder werden).
73 In Anlehnung an: Gerd Theißen / Annette Merz, Der historische Jesus, Göttingen ^{2}1997.
74 Vgl. Werbick, Soteriologie [s. Anm. 70].
75 Vgl. Hermann Häring, Hans Küng. Grenzen durchbrechen, Mainz 1998 (hier S. 139).
76 Die Forschung ist sich heute einig, dass die „Bergpredigt"

bzw. die Lehre Jesu auf dem Berg zwar viele Worte Jesu enthält. Von Jesus selbst wurde *diese* Rede jedoch nicht gehalten. Die Lehre auf dem Berg ist vielmehr ein „theologischer Wurf“, ein Werk des Evangelisten Matthäus, wobei dieser selbst wiederum auf Jesus-Worte zurückgriff, die bereits vor ihm zu einer größeren Rede zusammengestellt worden waren.

77 Im Folgenden werden auf der Grundlage von Arbeiten Willibald Bösens (Der letzte Tag des Jesus von Nazaret. Was wirklich geschah, Freiburg/Br. 1994), Hans Küngs (Credo [s. Anm. 6]) und Jürgen Werbicks (Soteriologie [s. Anm. 70]) maßgeblich Gründe für das Vorgehen gegen Jesu zu eruieren versucht.

78 Werbick, Soteriologie [s. Anm. 70].

79 Eugen Biser, Jesus. Sein Lebensweg in neuem Licht, Regensburg 2008.

80 In Anlehnung an: Willibald Bösen [s. Anm. 77].

81 Ob der Evangelist Markus in Mk 14,62 die wortgetreue Antwort Jesu vor dem Synedrium wiedergibt, ist umstritten. In dieser doch eher theologisch konstruierten Antwort kann man aber zumindest die Richtung angezeigt sehen, in der das Gespräch zwischen Kajaphas und Jesus damals verlaufen ist.

82 Die folgende Darlegung erfolgt in Anlehnung an: Willibald Bösen [s. Anm. 77].

83 So schreibt der Historiker Josephus Flavius: „In ihrer Erbitterung nagelten die (römischen) Soldaten die (jüdischen) Gefangenen zum Hohn in den verschiedenen Körperlagen an …“.

84 Der Psalm 22 gehört zu den individuellen Klageliedern des Alten Testaments. In ihm klagt ein anonymer Beter über Todeskrankheit, falsche Anklage, Verleugnung und Verrat, Rechtsnot, Verfolgung, Einsamkeit, Schuldgefühle und schließlich über Gottverlassenheit und Gottferne. Dennoch mündet dieser Psalm in eine Hoffnung: „Du aber, Herr, halte dich nicht fern! Du, meine Stärke, eil mir zu Hilfe. Entreiße mein Leben dem Schwert …“.

85 Die folgende Darstellung orientiert sich an dem Buch: Hans Kessler, Sucht den Lebenden nicht bei den Toten. Die Auferstehung Jesu Christi, Würzburg 2002.

86 Dementsprechend sind die Begeisterung der Osterzeuginnen und Osterzeugen erst auf die Erscheinungen gefolgt, und nicht umgekehrt.

87 Die folgende Darstellung basiert auf den jeweiligen Einleitungen zu den Evangelien in der Einheitsübersetzung.

88 Vgl. John Bowker (Hg.), Das Oxford-Lexikon der Weltreligionen, Düsseldorf 1999, 71.
89 In Anlehnung an: Gerd Theißen / Annette Merz, Der historische Jesus [s.Anm. 73].
90 In Anlehnung an: Walter Kasper, Jesus der Christus, Mainz 1974.
91 Bachl, Der schwierige Jesus [s. Anm. 65], 39–40.
92 Thomas Söding, Der Gottessohn aus Nazareth. Das Menschsein Jesu im Neuen Testament, Freiburg/Br. [2]2008, 19.
93 Ebd., 20.
94 Ebd., 19.
95 Hans Küng, Das Christentum[s. Anm. 2], 72.
96 Hans Maier, Welt ohne Christentum – was wäre anders?, Freiburg/Br. [4]2009, 13.
97 Im vorchristlichen Altertum gab es zwar individuelle Wohltätigkeit (wie z. B. Fürsorge für Invaliden und Kriegswaisen). Diese war aber an bestimmte Bedingungen gebundenen (z. B. Bürger der Republik zu sein). Diese individuelle Wohltätigkeit hat sich jedoch nirgends in dauerhaften und verlässlichen Institutionen (wie z. B. Krankenhäusern, Sozialstationen oder Hospize) verfestigt. Das ist erst mit dem Christentum und seiner Sorge für alle – unabhängig von Nation, Rasse, Religionszugehörigkeit, Leistungen und Verdienste etc. – in die Welt gekommen.
98 Hans Maier, Welt ohne Christentum [s.Anm. 96], 28.
99 Küng, Christentum, [s. Anm. 2], 73.
100 Anselm Grün, Glauben als Umdeuten: glauben, lieben, loben (Münsterschwarzacher Kleinschriften, Band 32), Münsterschwarzach 1986, 10–13.
101 In Anlehnung an: Küng, Hans, Christentum und Weltreligionen [s. Anm. 39].
102 Die folgende Darstellung orientiert sich an: Ludwig, Sternstunden [s. Anm. 29].
103 Der Pakistani Fazlur Rahman – ein islamischer Gelehrter – versuchte die entscheidenden Offenbarungserlebnisse des Muhammad wissenschaftlich-kritisch zu interpretieren. Er kommt dabei zu dem Schluss, dass „auf der einen Seite die Offenbarung von Gott ausging, sie auf der anderen Seite innig verbunden war mit der tiefen Persönlichkeit Muhammads".
104 Die folgende Darstellung orientiert sich an: Adel Theodor Khoury, Mit Muslime in Frieden leben, Würzburg 2002.

105 Die folgende Darstellung orientiert sich an: Ludwig, Sternstunden [s. Anm. 29].

106 Verfolgt von mekkanischen Reitern preschten Muhammad und Abu Bakr durch die Wüste. Dabei suchten sie Schutz in einer Höhle. Als die Verfolger die Höhle absuchen wollten, sahen sie, dass Tauben gerade ein Nest am Eingang bauten (nach einer anderen Version sahen sie ein Spinnennetz vor dem Höhleneingang): unmöglich, dass vor kurzem Menschen die Höhle betreten haben können.

107 Die folgenden Punkte „Staatsmann und Kriegsherr", „Anweisungen die dem Frieden dienen" und „Abrahamisierungsprojekt" orientieren sich inhaltlich an: Khoury, Mit Muslime in Frieden leben [s. Anm. 104].

108 Nach: Ludwig, Sternstunden [s. Anm. 29].

109 Nach: Küng, Das Christentum [s. Anm. 2].

110 Die folgende Darstellung orientiert sich an: Bowker, Oxford-Lexikon der Weltreligionen [s. Anm. 88], 806f.

111 In enger Anlehnung an: Hans Küng, Der Islam. Wesen und Geschichte, München 2007, 625–627.

112 Die folgende Darstellung orientiert sich an der Faltblattserie „Muslime im Dialog", Islamisches Zentrum Hamburg, 2001.

113 Zwecks leichterer Lesbarkeit wird im Folgenden nur von Christen und Muslimen gesprochen – selbstverständlich sind aber Christinnen und Muslimas mit im Blick.

114 Nach: Küng, Christentum und Weltreligionen [s. Anm. 39].

115 Neben der Trinitätslehre lehnt der Koran auch andere zentrale christliche Glaubensaussagen ab, die mit der Person Jesu verbunden sind: Keiner kann vor Gott dem anderen etwas abnehmen, keiner kann stellvertretend für einen anderen leiden (Sure 35,18). Selbst die im Christentum bekannten Begriffe und Namen Jesu bekommen im Koran eine andere Bedeutung.

116 http://www.derislam.at (hier der Button: Imamekonferenzen/Österreichische/Wien 2005) – Stand April 2012.

117 http://www.europa-imamekonferenz.com/ – Stand April 2012

118 http://www.europa-imamekonferenz.com/ – Stand April 2012

119 Vgl. zum Folgenden: Jürgen Werbick, Vom entscheidend und unterscheidend Christlichen, Düsseldorf 1992, 77 ff.

120 So ist z. B. im christlich-buddhistischen Dialog der Schöpfungsglaube eine besondere Herausforderung. Buddhisten, besonders Theravada-Buddhisten, sind in der Regel nicht bereit, die Wendung „Bewahrung der Schöpfung" in interreligiösen Dokumenten zu akzeptieren. Sie drängen vielmehr darauf, sie durch Formeln wie „Heiligkeit der Natur" zu ersetzen, damit nicht der Eindruck entsteht, sie würden den Schöpfungsglauben teilen. Das Christentum drückt aber gerade mit dem Begriff „Schöpfung" die „überwältigende Bejahung des endlichen Daseins" aus.

121 Vgl. besonders die „Erklärung über das Verhältnis der Kirche zu den nichtchristlichen Religionen", Artikel 2.

122 Nach U. Winkler und M. Ladstätter ergeben sich mit Blick auf die pluralistische Religionstheologie noch weitere Anfragen: Dass sich alle Religionen auf die eine, alles umfassende letzte Wirklichkeit beziehen, stellt eine grandiose Verallgemeinerung dar. Genau genommen handelt es sich dabei um ein unüberprüfbares Postulat. Mitunter große Unterschiede der „Repräsentationen dieser Transzendenz" in den Religionen sind nicht zu übersehen. Die pluralistische Religionstheologie hat daher einen hohen Erklärungsaufwand der Kompatibilität der Differenzen mit den notgedrungenen Abstrahierungen der konkreten religiösen Traditionen. Und: Kann es nicht auch sein, dass Religionen nicht nur verschiedene Wege zum Gipfel gehen, sondern auch verschiedene Berge besteigen (und andere Ziele haben)?

123 Vgl. Josef Heer, Symphonie der Religionen? Eine „unglaubliche" Hoffnung. Anregung zur Bibelarbeit, in: Buddha und Jesus, Bibel heute (Zeitschrift des Katholischen Bibelwerks e.V. Stuttgart, 32. Jahrgang), Stuttgart 1996, 132f.

124 Jesus macht mit diesem Gleichnis anschaulich, wie groß der Kontrast zwischen dem Anfang und der vollen Entfaltung einer Pflanze sein kann. Das, was für das Senfkorn gilt, gilt auch für das „Reich Gottes" (das Matthäus „Himmelreich" nennt): kleiner Anfang – großartige Entfaltung.

125 Heer, Symphonie der Religionen [s. Anm. 123], 133.

Zum Thema bei

topos taschenbücher

Hans Hermann Henrix

Judentum und Christentum

Gemeinschaft wider Willen

2. Auflage | 240 Seiten

Band 525

ISBN: 978-3-8367-0525-7

www.toposplus.de

Zum Thema bei
topos taschenbücher

Christian W. Troll
Muslime fragen, Christen antworten

2. Auflage | 176 Seiten

Band 489
ISBN: 978-3-8367-0489-2

www.toposplus.de